Research on the Financial
Supervision under the Public Finance Regime

马向荣 著

公共财政体制下的
财政监督研究

中国财经出版传媒集团

经济科学出版社
Economic Science Press

图书在版编目（CIP）数据

公共财政体制下的财政监督研究/马向荣著．--北京：经济科学出版社，2022.3

ISBN 978 - 7 - 5218 - 3424 - 6

Ⅰ.①公…　Ⅱ.①马…　Ⅲ.①财政监督 - 研究 - 中国　Ⅳ.①F812.2

中国版本图书馆 CIP 数据核字（2022）第 025613 号

责任编辑：胡成洁
责任校对：王苗苗
责任印制：范　艳

公共财政体制下的财政监督研究

马向荣　著

经济科学出版社出版、发行　新华书店经销

社址：北京市海淀区阜成路甲 28 号　邮编：100142

经管中心电话：010 - 88191335　发行部电话：010 - 88191522

网址：www. esp. com. cn

电子邮箱：expcxy@ 126. com

天猫网店：经济科学出版社旗舰店

网址：http://jjkxcbs. tmall. com

北京季蜂印刷有限公司印装

710 × 1000　16 开　8.5 印张　160000 字

2022 年 5 月第 1 版　2022 年 5 月第 1 次印刷

ISBN 978 - 7 - 5218 - 3424 - 6　定价：45.00 元

（图书出现印装问题，本社负责调换。电话：**010 - 88191510**）

（版权所有　侵权必究　打击盗版　举报热线：**010 - 88191661**

QQ：2242791300　营销中心电话：**010 - 88191537**

电子邮箱：**dbts@esp. com. cn**）

前　言

　　财政监督是一个古老而又陌生的话题。说它古老，是因为自古以来就有监督机构的存在；说它陌生，是因为本书所讨论的财政监督，是中国特色公共财政体制下的新型财政监督，而不是传统意义上西方的财政监督。

　　本书以理论联系实际为基本原则，在吸收和借鉴前人研究成果的基础上，运用规范分析与实证分析相结合、理论构筑与理论应用相结合的分析方法，以我国财政监督制度为什么需要改革以及如何进行改革为主线，探析财政监督的一般理论和实践问题，着力构建一个与中国特色社会主义市场经济下的公共财政体制相适应的财政监督体系，以期能为我国财政监督改革提供理论和政策参考。

　　财政监督涉及面广，问题多，研究难度大，而可供参考的文献又很少，这给本书的研究带来很大困难。多年从事财政监督实际工作，使笔者对财政监督有较深刻的认识，总体来讲，我国财政监督的现状还不很令人满意，未来的财政监督改革也困难重重。在写作期间，笔者的思路和视野大大地扩展了。为了研究这个课题，笔者翻阅了大量的经济学、管理学、心理学、道德伦理学、哲学甚至物理学等多方面的著作，看得越多，越感到知识的海洋是如此广阔无边。但愿本书能为推动中国特色财政监督制度建设、践行习近平同志新时代中国特色社会主义思想贡献微薄之力。

　　由于本人学识水平有限，加上资料方面的不足，有关财政监督的实证数据难以收集，对财政监督的理论探究还未能足够深入，书中存在诸多不足之处，敬请各位读者不吝赐教。

　　感谢为本书的写作和出版提供过帮助的老师、同学和朋友们！

马向荣

2021 年 12 月 15 日

CONT目录NTS

第**1**章

导论

1.1　问题的提出

20 世纪 40 年代中华书局出版的《辞海》将财政定义为"理财之政，即国家或公共团体以维持其生存发达之目的，而获得收入、支出经费之经济行为"。"监督"一词，在汉语中大体有两层意思，一是监察和督促，二是古代官名。在英文中，"监督"（supervision）是一个复合词，其中"super"是在上的意思，"vision"是"看"的意思，二者结合起来就是上对下的观察、指导和控制。财政监督的概念迄今为止没有一个统一明确的说法。财政是一个国家赖以存在并履行职能的物质基础，任何国家政权必然有相应的财政支撑。财政监督是伴随着财政产生而产生的，有财政就有财政监督。在奴隶制和封建制时代，国家的政治权力和财产所有权主要属于统治阶级，国家财政主要是统治阶级的财政，因而财政监督的主要委托人就是君主，虽然财产所有权和经营权也是分开的，但作为主要委托人的统治阶级出于维护自身利益的需要，有着较强的进行财政监督的激励。当时作为财政管理活动的执行者政府也属于统治阶级，因此，专制体制下的财政监督，其主要性质是统治阶级内部进行的自我监督。古代财政监督往往和监察结合在一起，财政监督机构一般就是行政监察机构，它不但从事财政监督工作，而且从事行政监督、廉政监察等行政管理和反腐败工作，古代一般没有专门的财政监督机构。随着经济社会的不断发展、财政规模的不断庞大和财政问题的日益复杂，财政监督机构逐渐走向专门化并且和经济建设联系在一起。它不但是反腐败的重要手段，而且直接关系国家的经济发展和社会进步，其意义已经远远超出单纯的吏治和廉政。目前，在国际上存在立法型财政监督、司法型财政监督、行政型财政监督和独立型财政监督等多种模式，值得我们比较和借鉴。

我国作为社会主义国家，国有财产所有权属于人民，我国目前实行的是行政型财政监督制度，这是计划经济体制下国家财政的产物。契约论下的国家观[①]认为，国家是公民达成契约的结果，它要为公民服务，契约的达成是多重博弈的结果。政府与公民之间不是统治与被统治的关系，而是一种平等的契约关系，即委托－代理关系。西方经济学家认为在市场经济条件下，这种关系表现为公民依法纳税、政府接受公民的委托，弥补市场失灵，为社会

---

① 卢现祥，朱巧玲．新制度经济学 [M]．北京：北京大学出版社，2007：354.

提供市场和私人难以提供的公共产品和公共服务。但是，由于人的利己本性和机会主义倾向，作为代理人的政府及其官员往往不是按照社会利益最大化而是按照自身效用最大化的原则行事，而是凭借信息优势做出不利于委托人但有利于自身利益的行为。解决这个问题的方式通常有两种，一是设计激励机制，如让代理人制度性地分享剩余，从而促使双方利益相容，主动地不做出违背委托人利益的事。但是，对于政府而言，由于所有者"虚位"、公共产权效用的难以分割、剩余索取权不可转让性，以及公共权力激励有限等原因，难以通过这种方式来解决问题。二是建立对代理人的监督机制，将代理人置于严密的监控之下，使其不敢或者不能做出违背委托人利益的事情。这种方式适合于政府、政府和公民之间存在的委托－代理关系，要求必须存在一个机构，对政府行为进行监督，保证政府能够按照委托人意志行事。

改革开放以后，我国的财政监督工作在保障财政分配计划与宏观调控政策的实施、振兴国家财政、维护经济秩序、加强财政法制建设、严肃财经纪律，以及建立监督约束机制、防范与遏制腐败现象等方面，都取得了显著的成效。1998 年我国正式提出要建立公共财政框架，表明了我国财政制度发展的新趋势。公共财政是在市场经济条件下为满足社会公共需要而构建的财政模式，公共财政是为市场提供公共服务的国家财政，是弥补市场失效的国家财政，是由"公共"对之进行规范、决定和制约的国家财政。在公共财政体制下，必然产生公民和政府之间的相互监督关系：一方面，为了维持政府运转和弥补市场缺陷，政府必须监督公民依法纳税；另一方面，为了保证财政资金不被滥用，公民必须监督政府的财政行为。财政监督应该如何与公共财政相适应，已成为一个迫切需要研究的重大现实问题。因此，按照公共财政的基本要求，建立和完善公共财政下的财政监督体制，使财政监督走上法制化、规范化、制度化、科学化的轨道，是当前财政管理面临的一个重大课题。逐步建立和完善社会主义公共财政体制下的财政监督，是全面贯彻"三个代表"重要思想、落实科学发展观的必然要求，是全面建设小康社会和构建社会主义和谐社会的重要保障，是构建新时代中国特色社会主义市场经济体制的重要环节，是推动政府职能转变的迫切要求，具有重要的政治、经济和社会意义。

1.2　文　献　综　述

1.2.1　关于公共财政

改革开放以来，以往在我国长期处于主流地位的"国家分配论"被一些学者认为是"生产建设型财政"而予以否定，"公共财政"的概念正是为取代"国家分配论"而出现的。20 世纪 90 年代我国政府正式确立"建设社会主义市场经济体制"的改革目标之后，财政学理论界针对"公共财政"概念及相关理论问题进行了一次大争论，直到 1998 年底，全国财政工作会议提出了建立公共财政基本框架的目标之后，争论才逐步平息。目前，财政理论界和政府对于公共财政问题基本达成共识，即中国必须建立与社会主义市场经济体制相一致的公共财政模式。

公共财政论的基本观点：公共财政是为市场提供"公共"服务的国家财政，公共财政是弥补市场失灵的国家财政，公共财政是由社会公众对之规范、决定、制约和监督的国家财政，公共财政是我国社会主义市场经济体制下应当确立的财政模式。"公共财政"一词源于英语 public finance，finance 有"金融""财务""财政"及"融资"等含义，public finance 翻译为汉语为"公共财政"或者"财政"，以与私人部门的财务活动及融资活动相区别。在欧洲中世纪时期，财产权与统治权高度统一，国王的财政收入主要来自王室领地的租税，而且教会、庄园领主、寺院乃至商人行会都享有征税权。美国历史学家汤普逊认为："在封建的盛世，公共征税是不存在的。甚至国王也是依靠自己的收入而生活的，也就是说，他们依靠王室庄园的收入，而不是依靠赋税的进款。"[①] 因此，在封建社会的君主"家天下"状态下，财政收支具有很强的私人收支性质，此时的财政主要是直接为封建君主私人服务。随着封建社会的灭亡和资本主义市场经济的建立，财政权转移到政府手中。此时，政府主要通过赋税而不是财产收入或经营收入获取财政来源，其财政支出主要用于满足社会的公共需要，这种财政模式被称为"公共财政"。但是，将公共财政单纯地认为是市场经济的产物，并将公共财政与其他财政概念比如国家财政论对立起来这种观点，在我国一开始就受到质

---

① ［美］汤普逊. 中世纪经济社会史（下册）［M］. 耿淡如，译. 北京：商务印书馆，1963：391 - 392.

疑，朱明熙（2004）提出："任何时期、任何制度下的国家或政府，不论是自然经济下的国家或政府，抑或市场经济下的国家或政府，它除了作为维护当时占统治地位的阶级利益的专政机器外，还必须承担提供公共产品、满足人们公共需求的职能，否则它不可能维持其统治。"①

1. 公共财政的概念

梁尚敏认为，公共财政是以政府为主体的公共经济活动和政府的公共经济管理，同时体现着政府为主体的地区之间、部门之间、单位之间、城乡居民之间、中央与地方之间利益分配关系。② 高培勇认为，公共财政就是指在市场经济条件下为满足社会公共需要而构建的国家财政模式。③ 周志刚认为，公共财政是国家为了满足社会公共需要而从事的一种经济收支活动，体现了市场经济条件下政府对经济资源配置的有限干预和建立有限政府的基本理念。④

2. 公共财政的特征

张馨认为公共财政有三个基本特征：公共财政是为市场提供"公共"服务的国家财政，公共财政是弥补市场失效的国家财政，公共财政是由"公共"对之规范、决定和制约的国家财政。⑤ 高培勇认为，公共财政的特征在于：第一，着眼于满足社会公共需要，社会公共需要指的是以整个社会为单位而提出的需要；第二，立足于非营利性，政府作为社会管理者，其行为的动机不能是取得相应的报偿或盈利，而只能以追求公共利益为己任，其职责只能通过满足社会公共需要的活动，为市场的有序运转提供必要的制度保证和物质基础；第三，收支行为规范化，包括以法制为基础的全部政府收支进预算、预算透明度和公开化、财税部门总揽政府收支等。傅光明（2005）⑥认为，公共财政有两个基本特征：公共性和公开性。公共性是前提，是根本，而公开性是形式，是规范，是保障。所谓公共性，就是公共财政是满足公共需要，提供公平的公共产品和服务，以公共权力决策为机制的分配活动。所谓公开性，就是政府预算、政府收支活动的透明性，政府所有

① 朱明熙. 尊重历史　实事求是——与张馨、高培勇同志商榷 [J]. 财政研究，2004（9）.
② 梁尚敏. 努力构建公共财政的基本框架 [J]. 中国财政，1999（5）.
③ 高培勇. 公共财政：经济学界如是说 [M]. 北京：经济科学出版社，2000：6.
④ 周志刚. 论公共财政与宪政国家——作为财政宪法学的一种理论前言 [M]. 北京：北京大学出版社，2005：24.
⑤ 张馨. 论公共财政 [M]//吴俊培. 公共财政研究文集. 北京：经济科学出版社，2000：3–18.
⑥ 傅光明. 论公开性是公共财政的重要特征 [J]. 财政与发展，2005（2）.

的收支计划和活动过程，除了某些特殊的例外，都必须向议会和社会公众公开，接受公众、议会和舆论的监督。唐云锋、高剑平①认为，公共财政具有三个特征：公共性本质、公共决定性和市场状态决定性。公共性本质是指公共财政是为市场提供公共服务的财政，即市场经济条件下公共财政只限于为公众提供公共商品和公共服务的政府性公共活动领域，仅对市场配置资源失灵进行补充或替代。公共决定性是指公共财政的一切活动必须能体现出公众的意志，它是确保公共财政能在多大程度上体现出其公共性特征在制度方面的技术保证。市场状态决定性是指公共财政的受动性特征，即公共财政须按照市场的具体存在状态要求来运行，并符合和服务于市场个体。李发戈②认为，公共财政的本质特征是民主。公共财政是一种财政制度，财政制度的变迁就是从专制、人治财政走向民主、法治财政的过程。公共财政的生成与现代民主政治体制和市场经济体制的产生是同一个过程，它们互为前提，互相促进。建立科学、民主的公共财政制度，是经济体制改革的任务，更是政治体制改革的任务。

1.2.2　关于财政监督

1. 财政监督的概念

"监督"一词，在汉语中有两层意思：一是监察和督促，二是古代官名。在英文中，"监督"一词（supervision）是一个复合词，其中"super"是"在上"的意思，"vision"是"看"的意思，二者结合起来就是上对下的观察、指导和控制。而所谓"财政监督"的概念迄今为止却没有一个统一明确的说法，各种文献都有自己的表述，差异也相当大。出于对财政监督的主体、客体和方式的不同认识，当前财政学界对财政监督概念的定义主要有两种：一是主体一元化的财政监督概念，二是主体多元化的财政监督概念。

（1）主体一元论。这种财政监督概念将财政监督的主体限定为单一主体，属于狭义的财政监督概念。我国较早提出财政监督概念的是姜维壮，③他认为，财政监督是指财政部门通过财政收支活动对国民经济与社会发展计划执行过程实行的全面监督。这种概念的主体为财政部门，客体为整个国民经济。范永恒、于凡④则提出了一种职能化的财政监督概念，将财政监督作

---

① 唐云锋，高剑平. 公共财政体制的特征及制度框架研究［J］. 学术论坛，2006（1）.
② 李发戈. 宪政背景下公共财政的本质［J］. 四川行政学院学报，2008（2）.
③ 姜维壮. 比较财政管理学［M］. 北京：中国财政经济出版社，1992.
④ 范永恒，于凡. 财政监督与检查［M］. 沈阳：辽宁大学出版社，1995.

为财政本身的一种职能，从内生于财政的角度提出财政监督的概念，从而有机地派生出以财政部门为固定主体的财政监督概念。他们认为，财政监督通过财政分配活动对国民经济各方面进行综合反映、制约和影响，以保证财政分配、调节职能的顺利进行，是国家组织和管理社会经济生活的重要内容。类似的将财政监督主体固定为财政部门的还有顾超滨，[①] 他认为，财政监督是指政府财政部门及其专职机构对国家财政管理相对人的财政收支与财务收支的合法性、真实性、有效性依法实施的监视检查、调查处理与建议反映等活动。这个定义从主体、范围与方式等方面揭示了财政监督的概念，基本以财政部门的财政监督工作为出发点，对其客体却没有进行确定的描述，仅仅以"财政管理相对人"来进行模糊界定。财政部"财政监督"课题组[②]提出的财政监督概念是：国家财政部门为保证财政分配活动的正常进行，在财政分配过程中依法对国家机关、企事业单位、社会团体和其他组织或个人涉及财政收支、财务收支、国有权益及其他有关财政管理事项的真实性、合规性和效益性进行的监控、检查、稽核、督促和反映。这里财政监督的主体已经明确限定为"国家财政部门"，对其客体也进行了限定。

（2）主体多元论。这种财政监督概念没有限定财政监督的唯一主体，实际是主体多元化，属于广义的财政监督概念。姜维壮（1990）提出的广义财政监督概念是指对财政财务收支活动的监督，包括行政监督、司法监督、群众监督和议会对财政的控制与监督。这种概念没有固定财政监督的主体，并以财政财务收支活动为客体。他将这种监督概念命名为"监督财政"，而不是一般意义上的财政监督。孙家骥[③]提出，财政监督是指通过财政收支管理活动对有关的经济活动和各项事业进行的检查和督促，财政监督主要由各级财政部门、税务部门、审计部门和社会监督部门进行，主体是多元化的。李武好、韩精诚、刘红艺等[④]则以"财政手段"为出发点，提出的财政监督概念特别强调了客体，以"财政性资金"为财政监督的主要对象。他们认为，财政监督是专门监督机构尤其是财政部门及其专门监督机构为了提高财政性资金的使用效率而依法对财政性资金运用的合法性与合规性进行检查、处理与意见反馈的一种过程，是实现财政职能的一种重要手段。这个概念对财政监督的主体没有进行界定，虽然以财政部门为主体，却没有局限

---

① 顾超滨. 财政监督概论 [M]. 大连：东北财经大学出版社，1996.
② 财政部"财政监督"课题组. 财政监督 [M]. 北京：中国财政经济出版社，2003.
③ 孙家骥. 社会主义市场经济新概念辞典 [M]. 北京：中华工商联合出版社，1996.
④ 李武好，韩精诚，刘红艺等. 公共财政框架中的财政监督 [M]. 北京：经济科学出版社，2002.

于财政部门。但在客体上，很明确地将财政监督的对象限定在"财政性资金"上。邓子基[①]认为，财政监督的主体是多元的，具有财政监督权的主体不仅有财政机关，而且有审计机关、代议机关等，同时还有社会民众。财政部"财政监督"课题组（2003）也提出过类似的财政监督概念：国家为保障财政分配活动的正常有序进行，对相关主体的财政行为进行监控、检查、稽核、督促和反映的总称。这里的财政监督主体用"国家"这个大概念来描述，实际是多元化的，包括了立法机关、审计、财政、税务、资金使用单位以及相关的社会机构、民众等。其客体则限定为"财政行为"。张馨[②]提出，所谓财政监督，就是对于政府收支活动的约束、规范、督察与促进，它确保政府收支活动具有真实性、合规（法）性和效率性，阻止财政活动中的低效浪费、贪污腐败等现象，维持财政活动各方的力量均衡，保护它们的正当利益。财政监督的实质与核心问题，就是对于政府财力的约束与规范。这种定义下的财政监督主体也是不唯一的，它将客体界定为政府收支活动，实际上属于"监督财政"。

2. 财政监督的属性

关于财政监督属性的讨论，主要集中在财政监督究竟是财政的一种基本职能还是实现财政职能的手段和工具上。在计划经济时期，我国沿用苏联财政教科书的"分配职能"与"监督职能"的两职能说，在此基础上逐渐形成了对分配、调节和监督三大职能的认识。随着公共财政理论的出现，这种职能划分方式逐渐受到挑战，形成了多种说法。

（1）职能论。这种认识将财政监督作为财政的一项职能。邓子基[③]将社会主义市场经济条件下的财政职能概括为分配职能、配置职能、调控职能和监督职能。他认为，财政监督职能具有不同于其他监督职能的特有内涵，它是在分配社会产品或国民收入即在分配、配置资源和调控经济过程中，对国民经济各个方面的活动状况进行综合反映和制约的客观功能，是别的监督所不能代替的；在社会主义市场经济条件下，更需要加强监督，包括财政监督，以纠正市场经济的缺陷，促进经济的健康发展。顾超滨（1996）将财政职能概括为分配职能、调节职能和监督职能三大职能。他认为，财政的监督职能是财政在分配与调节社会产品或国民收入的过程中对国民经济活动状况进行综合反映与规范制约的客观功能。财政监督是财政本身所固有的、不

①　邓子基. 谈谈财政监督问题［J］. 中国财政，2002（11）.
②　张馨. 论财政监督的公共化变革［J］. 财政研究，2004（12）.
③　邓子基. 社会主义市场经济条件下的财政职能［J］. 经济研究，1993（4）.

可分割的一个内涵，是国家管理经济，实行经济监督的一个主要方面。他认为，随着市场经济体制的逐步建立和完善，财政的监督职能不会发生转变或者削弱，相反，它将得到加强。

（2）非职能论。这种认识没有将财政监督作为财政的职能，但也没有对财政监督的属性作出具体界定。陈共[①]、郭庆旺和赵志耘[②]、马海涛和安秀梅[③]等将财政的职能概括为资源配置职能、收入分配职能、经济稳定与发展职能，没有将财政监督作为财政的一项职能，这种分类法来自西方财政学，主要是马斯格雷夫[④]对政府公共财政职能所作的划分，是当前财政学界的主流分类方法。吴俊培[⑤]针对传统"财政三职能"（即分配职能、调节职能和监督职能）提出，将监督作为财政的职能有点模棱两可，似是而非。"监督职能"有两重含义。一是指国家维持某种经济秩序，从经济学角度讲，国家提供的经济秩序即为"社会公共劳务"，而社会公共劳务的产生则需要国家予以选择和安排经济资源。这就是说，这一内容已经被包括在"分配职能"的概括中了。二是指国家这一经济主体的行为可以"反映"国民经济的状况，那么这属于"作用"而不是"职能"。

（3）手段论。这种观点将财政监督作为实现财政职能的一种手段。李武好、韩精诚、刘红艺等（2002）将财政监督作为财政的一种手段和工具。他们认为，财政监督不是财政的一项基本职能，而是实现财政职能的一种手段上的保证。

3. 财政监督的理论依据

当前对财政监督理论依据的研究，多数集中在对财政监督工作意义的认识层面，代表性的观点比如，范永恒、于凡（1995）认为，强化财政监督是维护财经纪律、加强社会主义法制的保证，是贯彻财政政策、完成财政任务的客观要求，是促进改革和建设中国特色社会主义的需要，是做好财政部门精神文明建设、提高财会队伍素质的重要手段。顾超滨（1996）认为，财政监督是社会主义市场经济体制的内在本质要求，是实现宏观经济调控的必要手段，是健全财政职能的需要，是提高财税干部和财会人员队伍素质的

---

① 陈共. 财政学 [M]. 北京：中国人民大学出版社，2000.

② 郭庆旺，赵志耘. 财政学 [M]. 北京：中国人民大学出版社，2002：64.

③ 马海涛，安秀梅. 公共财政概论 [M]. 北京：中国财政经济出版社，2003：27 - 44.

④ Musgrave R A. The theory of public finance [M]. New York：Mc Graw - Hill Book Company, Inc., 1959：3 - 27.

⑤ 吴俊培. 怎样认识市场经济下的财政职能 [M]//吴俊培. 公共财政研究文集. 北京：经济科学出版社，2000：211 - 221.

需要。江龙①从信息不对称和代理失效方面进行了研究，他认为，政府就是国家的代理机构，政府由人民选举产生，接受人民委托，代理人民执行公共事务，承担公共受托责任，亦即政府提供公共品，而人民向政府纳税，这样，在人民与政府之间及政府组织内部间便构成了委托－代理关系。依据新制度经济学对经济人行为的三个假设："效用最大化""有限理性"和"机会主义"，并且代理人与委托人不是同一个人，因此二者的目标函数不完全一致，常常是有冲突的，加上存在不确定性和信息不对称，代理人有可能偏离委托人的目标函数，这样便会出现代理人损害委托人利益的现象，解决问题的思路被归纳为两条，一是设计激励机制，二是建立监督机制。因此，只有依靠建立和加强财政监督，实施严密和完善的内外部监督机制，最大限度地缓解委托人与代理人之间的信息不对称，才能使公共财政的效果最大化。在另一篇论文中，江龙②进一步将财政监督产生的理论依据归纳为信息不对称和代理失效。

4. 当前我国财政监督存在的问题和改革思路

对于当前我国财政监督存在的问题和改革思路，现有研究成果基本上以狭义的财政部门财政监督工作为主，尚未见到有系统的广义财政监督的研究，且较少涉及宏观的财政监督制度改革思路，比较典型的观点有以下几种。

一是法律法规不健全。唐敦文（1999）③、张彦军（1999）④、高凤英（2001）⑤、刘晓蕾⑥、王倩倩⑦、关彬⑧、王志强⑨、李兰英⑩、刘书环⑪、高宏⑫、刘军⑬等认为，当前财政监督部门没有一部完整的法规对财政监督执

---

① 江龙. 公共财政下财政监督产生的理论溯源 [J]. 财政研究，2001（11）.
② 江龙. 财政监督理论依据：信息不对称和代理失效 [J]. 财政研究，2002（12）.
③ 唐敦文. 财政监督工作存在的问题及建议 [J]. 财会研究，1999（9）.
④ 张彦君，陈度. 论财政监督的现状和对策 [J]. 内蒙古社会科学，2001（1）.
⑤ 高凤英，刘达，武慎，马俊巧. 新形势下财政监督存在的问题及对策 [J]. 河北农业大学学报，2001（3）.
⑥ 刘晓蕾. 财政监督现状及改进对策 [J]. 山东行政学院山东省经济管理干部学院学报，2004（2）.
⑦ 王倩倩. 我国财政监督存在的问题及对策 [J]. 党政干部学刊，2004（9）.
⑧ 关彬. 当前财政监督工作存在的问题及对策 [J]. 山东经济战略研究，2004（11）.
⑨ 王志强. 我国财政监督存在的问题及对策 [J]. 合作经济与科技，2005（12）.
⑩ 李兰英. 财政监督存在的问题剖析 [J]. 经济研究参考，2005（87）.
⑪ 刘书环. 对现行财政监督机制的思考 [J]. 山西财税，2006（8）.
⑫ 高宏. 完善财政监督的对策与建议 [J]. 山西财税，2006（9）.
⑬ 刘军. 我国财政监督工作的现状与完善 [J]. 决策与信息，2006（10）.

法主体的地位、监督对象、范围、内容、职责等方面做出明确规定，急需出台《财政监督法》。

二是日常监督不力。张彦军（1999）、唐敦文（1999）、王倩倩（2004）、李兰英（2005）等认为，我国财政监督重事后监督，轻日常监督，并具有集中性和突击性的特点，这一方法已难以适应形势的需要。

三是处罚力度不够。张彦军（1999）、唐敦文（1999）、高凤英（2001）、关彬（2004）等认为，在财政监督法律体系不健全，又加之当前存在多种关系干预的情况下，其处罚有时难以到位，使得处罚缺乏其真正的威慑力。惩处不力的一个后果，就是顶风作案屡刹不止，使法律效果和社会效果大打折扣。

四是缺乏高素质的干部队伍。佘明龙（2001）、王志强（2005）、刘军（2006）等认为，目前财政监督检查的人员少，队伍不稳定，年龄结构老化，经常是临时性地抽调其他部门人员参与监督检查工作，日常监督检查工作很难开展。

五是财政监督工作的独立性差。王志强（2005）、雷大庆（2006）、刘军（2006）等认为，财政监督工作尚未能独立于其他财政工作的决策之外，财政政策和经济政策的变动对财政监督工作有一定的影响，财政监督工作与其他形式的监督工作在内容和范围上有重叠；财政监督机构隶属于某级财政机关，机构地位没有法律上的明确规定，财、物上的自主性也不强。

六是财政监督工作的业务手段弱。李兰英（2005）、高宏（2006）等认为，由于我国财政管理的信息化建设滞后，在财政监督中，现代化的网络手段和信息技术应用水平较低，主要表现为网络互联程度不高、硬件设备不齐全、软件开发落后。因此，信息渠道不够顺畅，信息反馈不够及时，财政收支运行没有纳入网络监控的轨道。

七是财政监督绩效的考核指标不健全。王倩倩（2004）、刘书环（2006）等认为，财政监督机构绩效考核指标以组织收入为主，造成现行财政监督存在重检查、轻整改，重罚缴、轻堵漏，监督检查与规范管理相脱离，财政监督远离了规范财政管理和保证财政资金安全、提高财政资金使用效益的目标。

相应地，当前提出的改革思路也主要集中在加强财政监督法制建设、由事后监督转向事中和事前监督、加大处罚力度、加强干部队伍建设、推进财政监督信息化建设和改革财政监督绩效考核指标等方面。

1.2.3　简要评析

1. 财政监督的定义尚未达成共识

财政监督的概念一直未有定论，争论主要集中在财政监督的主体上。主体分为广义主体和狭义主体。广义主体包括人民群众、人民代表大会、审计部门、财政部门、税务部门以及相关单位和团体。狭义主体则只有财政部门。对财政的定义是财政监督定义的基础，不同的财政定义可能得出不同的财政监督定义。要搞清楚财政监督的真正含义，就必须先研究财政的本质，显然，现有财政监督方面的研究都没有关注财政本身的概念，而是直接按照自己的理解定义财政监督。同样，财政监督的属性又依托于财政监督的定义，必须明确财政监督的主体和客体究竟是谁，才能回答财政监督的属性是什么。因此，要形成统一的财政监督概念，首先必须界定财政监督的主体。国家财政论和公共财政论下的财政监督定义和属性都是不同的，二者产生分歧的本质原因也正在于此，在新时期，只有结合公共财政的概念，才能更好地定义财政监督。

2. 财政监督的理论依据没有得到系统的阐述和梳理

当前文献对财政监督理论依据的阐述大多集中在工作意义的层面，其原因在于对财政监督的定位限于"财政部门"的财政监督，思路没有得到进一步的拓宽。财政监督只是众多监督形式中的一种，财政监督和其他监督形式一样，首先它是一种"监督"，其次才是"财政监督"，要提出财政监督的理论依据，必须首先提出"监督"的理论依据，即人们为什么需要监督，为什么财政制度不能得到良好的遵守。这将涉及一些基础理论，比如人性假设，以及社会学、管理学和制度经济学的若干范畴，而不仅仅是一个财政学的问题。具体到"财政监督"，其理论依据仍然和财政监督本身的定义有关，如果不和基本概念联系在一起来考察，就会使对财政监督理论依据的归纳显得零散和片面。

3. 财政监督研究的重点有失偏颇

当前财政监督文献对我国财政监督问题的研究重点主要集中在以财政部门为主体的财政监督形式，并以监督中的具体工作探讨为主。归纳起来有以下两种类型。

（1）以财政部门财政监督的技术方法为研究重点，以财政部门的业务工作为线索来确定财政监督的研究重点。如范永恒、于凡（1995）将研究重点集中在各种财政收支项目的检查方法上，详细地对财政预决算、各项税收、预算外资金、工交企业、农业企业等项目的监督检查进行了介绍。与此类似的还有沙南安、李乃洁等，① 将财政监督研究重点分为两大部分，一是税收征收管理与检查的方法，二是财务、会计的管理、核算与检查的方法。

（2）以财政部门财政监督的工作机制为研究重点。这类研究侧重于财政监督工作的机制和管理的研究，如李武好、韩精诚、刘红艺等（2002）研究了财政监督的形式与内容、财政监督体系及专门机构、财政监督机制的演变、财政监督工作的实践、方法与技术、人员的选拔、法律依据与案件处理等问题。财政部"财政监督"课题组（2003）以财政监督工作程序为线索，取材工作实际，研究了财政监督的范围和方式，财政监督的程序、证据、报告与结论，财政监督成果的利用，财政监督责任、风险和质量控制等方面的问题。相关文献对财政监督研究的重点主要集中在财政部门的财政监督上，这不适应公共财政改革的走势。财政监督的内涵绝不仅仅是财政部门对财政的监督，在公共财政体制下，财政监督是维护民主法制、约束政府私欲膨胀的有力武器。布坎南较为明确地提到财政监督思想，② 按照布坎南的观点，宪法作为一种"选择规则"的"元规则"，首先应该具有如何制定合理的财政制度的原则性规定，其次，还必须赋予有关部门对政府财政行为进行监督的权力和程序。财政监督要高于财政制度，才能确保财政制度的执行得到规范和纠正。财政监督在纠偏过程中，还要根据宪法"元规则"的基本精神执行对现存财政制度的选择功能，对不合适的制度进行扬弃和改革。根据公共选择理论，政府是由具有自身个人利益追求的人员组成的，政府也有可能偏离公众的利益而追求自身的利益，因而政府本身也是需要被规制的，即财政监督是以实现宪法所规定的国家意志为目的，对政府的财政行为制定一定的行为准则，并通过监督检查来禁止、限制特定行为的规制。

4. 对财政监督工作机制研究不够深入

财政监督工作不同于财政部门的其他业务工作，它立足于监督和检查，但目的是规范管理，更多的是一种管理行为。当前对财政监督工作效率不高的问题缺乏深刻的研究。从实践来看，当前财政监督面临着许多困难，财政监督的效果不理想，财政资金被截留、挤占、挪用甚至挥霍浪费的事件时有发生，财政资金使用效率低下。但是这些问题不是仅仅提升财政监督业务工作质量就能解决的，当前文献提出的一般改良方法都只能局部地解决问题，

① 沙南安，李乃洁等. 财税改革与监督检查［M］. 长春：吉林人民出版社，1995.
② ［美］布坎南，［澳］布伦南. 宪政经济学［M］. 冯克利、秋风、王代、魏志梅，译. 北京：中国社会科学出版社，2004.

要真正扭转财政监督工作长时间面临的被动局面，必须依靠管理体制上的深刻变革，通过机构设置和激励保障等管理措施来提高财政监督效率。在研究方法上，应该超越纯感性的认识，在这方面，引入博弈论的研究方法将大有可为，博弈分析有助于财政监督的研究得到更加科学的分析和严谨的推导，其结果将更加准确和新颖，以此为武器，进行深入挖掘和分析，更能提出改善财政监督效果的根本对策。

1.3　研究方法

财政监督问题本质上是一个制度建设的问题，它既需要对历史经验的总结，又需要对现实问题的具体分析；它既需要建立在基本的制度理论上，也需要结合制度实施的背景条件。本书的研究采用理论与实际相结合、中国实际与国外借鉴相结合的方法，更多地运用博弈论的分析手段，从博弈的角度来研究财政监督体制问题。同时运用新制度经济学和博弈论基本原理，探讨适合我国国情的财政监督制度选择，以改革和完善当前的财政监督制度。

1.4　创新与不足

财政监督制度改革是一个很复杂和艰巨的难题，它不仅是一个财政学的问题，还是一个法学、管理学和哲学问题，它在很大程度上关系着国家和民族的兴衰，建立一个完善的财政监督制度框架，对国家的发展意义重大。本书独辟蹊径，在如下几个方面作出了尝试性的突破和创新。

（1）在总结各种学术观点的基础上，对公共财政体制下的财政监督本质进行了阐述，提出了一个较为完善的财政监督概念。在此基础上，对财政监督的目标进行分层次阐述。根据管理学的基本原理，证明财政监督不是财政的一项基本职能，而是实现财政职能的一种工具和手段。

（2）对财政监督的理论依据进行了系统的阐述。根据经济人假设和公共财政体制下财政活动参与者的行为特征，结合信息不对称理论，较为系统地阐述了财政监督的理论依据。

（3）根据公共财政的本质需要，突破狭义财政监督（财政部门财政监督）的局限，将视野扩展到广义财政监督，并以研究社会公众对政府的监督为重点。针对我国的国情，在现行宪法允许的范围内，提出了构建适合我国实际状况的双向型财政监督模式的设想。

（4）运用博弈论工具，对财政监督工作机制进行了深入分析。通过对监督者和被监督者之间的博弈关系进行分析，得出结论：加强对监督者的监督才是在长期中降低违规率的决定因素。并由此提出对财政监督机构的再监督机制。

（5）在制度变迁的动力上进行了创新。通过平静型经济人假设，将制度变迁的动因总结为"自控能力变化"。

本书的不足之处在于：由于本书研究的重心是制度建设，因此本书对于财政监督在实践中的工作方法和技术手段问题未能从实际工作需要出发，提出更切实可行的、可操作性强的建议，对于财政监督部门如何深入开展对政府的绩效评估工作也缺乏细致的研究。

1.5 篇 章 结 构

本书坚持理论联系实际，在吸收和借鉴前人研究成果的基础上，运用规范分析与实证分析相结合、理论构筑与理论应用相结合的分析方法，以我国财政监督制度为什么需要改革以及如何进行改革为主线，探析财政监督的一般理论和实践问题，着力构建一个与中国特色社会主义市场经济下的公共财政体制相适应的财政监督体系，以期能为我国财政监督的改革提供理论和政策参考。

全书分为6章，除导论以外，由理论研究与实践考察两大部分组成，理论研究包括第2章、第3章、第5章、第6章，实践考察主要是第4章。全书主要结构和内容如下。

第1章，导论。旨在说明本书研究的内容和意义。重点评述了财政监督理论研究的现状，说明了本书的研究方法、主要创新点和不足之处。

第2章，一般公共财政理论中的财政监督。本章主要阐述一般市场经济理论中的公共财政体制与财政监督的内涵，论述市场经济体制、政府、公共财政体制的相互关系，分析公共财政体制下财政监督的属性、动因、层次、目标、内容、手段和效应，为进一步的讨论奠定必要的理论基础。通过对财政管理基本职能的分析，结合公共财政建设的需要，将财政监督的属性定位于实现财政职能的手段和工具。通过分析公共财政体制下财政活动参与者的行为特征和信息不对称的事实来阐述财政监督的动因，将财政监督分为社会公众对政府财政行为的监督、立法机构对政府财政行为的监督、政府财政部门对预算单位的财政监督以及政府财政部门的自我监督、政府财税部门对纳税人的财税行为的监督四个层次，并分析了不同层次的财政监督目标。将财政监督基本内容概括为预算管理监督、财政收入监督、财政支出监督、国有权益监督和其他公共性资金的监督。将财政监督效应总结为强化财政管理、实现财政职能、维护财经纪律、促进民主政治和提高政府效率。

第 3 章，我国财政监督制度的现状分析。首先，对我国财政监督机构的组成和运转情况进行了分析，并对社会公众、立法机关、财政部门和审计部门、税务部门的财政监督工作情况进行了实证性描述；其次，通过博弈分析对现行财政监督制度进行剖析，揭示了激励约束障碍；最后，总结了当前财政监督模式存在的缺陷。

第 4 章，国外财政监督制度概览。简要介绍了当今国外最流行的几种财政监督模式，以为我国财政监督制度改革提供参考。国外财政监督制度的类型主要有立法型、司法型、独立型和行政型。多数国家以立法型为主，其次是司法型和独立型，行政型财政监督模式较少。

第 5 章，公共财政体制下财政监督的一般模式。根据平静型经济人假设提出"自控能力变化论"作为制度变迁的动力，然后根据制度变迁的新理论提出一般公共财政体制下财政监督的模式设计。

第 6 章，新时代中国特色财政监督制度探索。通过博弈分析指出，西方市场经济理论下的立法型财政监督模式并不总是高效，不同类型财政监督制度是由社会平均自控能力决定的。在人的自控能力较强的条件下，政府强化对市场的监管有利于效率的提升。因而新时代中国特色财政监督制度可采取"政府与市场相互监督，二者力量相互均衡"的双向财政监督模式，以提高财政运行的效率。具体而言，包括建立与完善社会公众对政府财政行为的监督、建立人民代表大会（人大）对政府财政行为的监督、完善政府财政部门对预算单位的财政监督以及财政部门的自我监督、政府财税部门对纳税人的财税行为的监督等方面的措施。

第❷章
一般公共财政理论中的财政监督

2.1　公共财政体制与财政监督

2.1.1　公共财政体制的内涵

在一般公共财政理论中，市场经济体制下的政府往往具有如下几个基本特征。

一是法治型政府。社会主义市场经济条件下，公民之间、政府之间以及政府和公民之间大量的经济关系和经济行为，表现为市场主体之间平等、独立的契约关系和竞争关系，当事各方都必须以法律为基础行使权利与义务，政府行使行政权力也必须处于法律约束之下。

二是民主型政府。市场经济条件下，政府不能像过去那样凌驾于社会公众之上而不受控制，政府必须服务于社会公众，使每一个公民都平等地享有政治、经济、文化和社会发展的成果。

三是责任型政府。市场经济条件下，政府必须对自己的行为承担责任。责任型政府是由市场经济条件下政府的法治性和民主性决定的。法治要求政府的一切行为纳入法律的框架，政府的权力和运行都受制于法律。法律对政府的一切行为都要加以限制，政府违反法律必将受到制裁，从而导致了责任型政府的产生。① 同时，政府的决策和行为都必须围绕公众的根本利益，受公众监督，向公众负责。

四是有限政府。有限政府是指政府的职能、权力、规模、行为都有一定的限度，政府只能按照市场的要求来确定自己的行为和规模，尊重市场发展的客观规律。有限政府是相对于全能政府而言的，计划经济体制下，政府统一组织社会生产、直接管理企业，不受任何限制地深入并控制社会的全部领域，形成全能政府。而在市场经济体制下，市场取代了计划对资源配置起基础性作用，政府必须保障经济自由，不能过度干预市场。由于市场不是万能的，存在公共产品短缺、外部效应、垄断、规模报酬递增、收入分配不公以及经济周期波动等市场失灵现象，这些领域需要政府介入，对市场配置的缺陷进行调节。因而，市场经济条件下的政府必须退出竞争性领域，政府的活动范围主要应该是市场失灵的领域。

---

① 曹荣庆.中国政府职能转型的财政学透视［M］.北京：中国财政经济出版社，2004：118 - 120.

五是高效政府。政府的高效，指的是政府必须消耗尽量少的人力、物力、财力和时间，取得尽量多的劳动成果和社会效益。高效政府要求政府机关的工作人员必须少而精干，政府行为必须快捷准确，政府提供的服务必须优质高效。

公共财政是在市场经济条件下，主要为满足社会公共需要而进行的政府收支活动模式或财政运行机制模式，是国家以社会和经济管理者的身份从市场上取得收入，并将这些收入用于政府的公共活动支出，为社会提供公共产品和公共服务，以充分保证国家机器正常运转，保障国家安全，维护社会秩序，实现经济社会的协调发展。公共财政的核心是满足社会公共需要，其涵盖的范围主要有行政管理、国防、外交、治安、立法、司法、监察等国家安全事项和政权建设；教育、科技、农业、文化、体育、公共卫生、社会保障、救灾救济、扶贫等公共事业发展；水利、交通、能源、市政建设、环保、生态等公益性基础设施建设；对经济运行进行必要的宏观调控等。公共财政是与市场经济相适应的一种财政类型，具有和市场经济条件下的政府相类似的特征，即民主性、法治性、有限性、责任性和高效性。

1. 公共财政是民主型财政

在现实中，财政分配活动的执行者是政府，因为财政分配凭借的虽然是国家权力，但国家权力的行使者并不是国家，也不是非政府的社会团体，而只能是国家的"法人代理"——政府，[①] 因而，公共财政不能离开政府。以霍布斯、洛克、卢梭等为代表的社会契约论认为，国家是公民达成契约的结果，它要为公民服务，契约的达成是多重博弈的结果。制度是人与人之间关系的某种"契约形式"或"契约关系"。国家权力是通过政府来行使的，但是，国家权力并不等于政府的权力，因为国家和政府是两个不同的概念。现代政治学和法学认为，国家是由领土（领空、领海）、公众、主权和政府四大要素构成的政治社会。政府虽然是国家事务的代理者，是财政活动的执行主体，但是并不表示政府拥有支配全部财政活动的权力。现代国家的政府只是公众的代理人，它必须按照公众的要求来活动，现代财政属于民主财政。因此，社会主义市场经济条件下公共财政的本质特征是：第一，在社会主义国家中，政府权力源于人民授权，因而社会主义公共财政的本质是民主财政，民主是社会主义公共财政的最基本特征。第二，公共财政的职能主要是向社会提供公共物品。"公共物品"最先由经济学家保罗·萨缪尔森提出，它是与私人物品相对应的一种社会产品，具有效应的不可分割性、消费的非

---

① 马骁. 财政制度研究 [M]. 成都：四川人民出版社，1997：6.

竞争性或非排他性、消费的外部性三个特征。公共财政的职能就是向社会提供公共物品，既然是向全体公民提供公共物品，公共财政就必然带有服务的性质，公民作为公共物品的消费者，就应该享有对公共财政的支配权。

2. 公共财政是法治型财政

公共财政的法治性表现在，无论是政府还是公众，都必须遵守法律法规，在法律法规允许的范围内活动。一方面，政府必须依法行政，任何没有通过立法机关以法律法规的形式授权的财政行为都是不允许的。在市场经济条件下，公共物品不能像私人物品那样通过市场价格机制来合理定价，而是由政府垄断，其生产和消费难以实现效率最大化。例如，当前我国大量存在的预算外资金，其收取依据就存在很多不合法的现象，有的预算外收费没有经人民代表大会讨论通过，而是由行政机关自行制定，有的执行的收费文件本身系越权审批，有的仍在执行已被取消或改变收费项目及标准，或擅自增加收费项目及提高收费标准，还有的在执行合法收费时以各种名义搭车收费等。这些行为是公共财政的法治性不允许的，将来随着预算外资金会逐步纳入预算内统一管理。

3. 公共财政是市场型财政

亚当·斯密于 1776 年发表《关于国民财富的性质和原因的研究》，系统阐述了市场能够有效配置资源的原理。他认为商品供求双方在市场竞争的环境下，各自理性地追求自身利益，不但不会造成整个经济运行的混乱，而且会带来整个经济的高效率。但亚当·斯密同时也指出，市场机制能够有效实现经济资源的配置，但是却不能自发解决国家或社会中存在的一些基本问题，比如保卫本国国防安全、保护本国公民不受外国公民欺压，以及建立和维护某些公共机关和公共工程，这些问题必须由国家公共财政开支来解决。[①] 资本主义发展到垄断阶段，市场的自发性和盲目性的缺陷更加暴露出来，经济危机猛烈冲击资本主义制度，市场机制完全自发调节经济平衡、供给会自动创造出需求的神话破灭。随着 20 世纪 30 年代爆发世界性的经济危机，经济学家进一步发现了更多的市场缺陷，比如市场有效需求不足、市场信息不透明、市场竞争不充分以及市场竞争引起社会成员收入悬殊，导致社会不公等。鉴于这种情况，西方经济学家开始努力摆脱"自由放任"的理论，1936 年英国经济学家凯恩斯发表《就业、利息和货币通论》，提出政府干预经济的思想。凯恩斯认为，经济危机是由需求不足、生产过剩引起的，

---

① [英]亚当·斯密. 国民财富的性质和原因的研究（下卷）[M]. 郭大力，王亚南，译，北京：商务印书馆，1974：254－284.

只有政府行使权力扩大财政投资、增加有效需求，同时减税并增加私人投资，才能缓解"过剩"。凯恩斯以增加"有效需求"的观点为依据，把财政手段提高到国家宏观调控手段的地位，形成了国家干预经济的理论体系，使政府从管理自身财政收支扩大到对市场经济进行调节，并直接介入生产领域形成相当规模的公共经济，把市场经济的运行机制转向以市场调节为基础、政府对经济运行进行调控干预的轨道。① 公共财政理论正是在这样的背景下形成的，公共财政是为市场服务的，它以市场的缺陷为其存在的前提和基础，弥补市场缺陷并达到最优经济效率的均衡状态是其最终目的。

2.1.2 公共财政体制下的财政监督

在市场经济体制下，由于存在市场失灵，政府接受公民的委托，为社会提供公共产品和服务，以弥补市场失灵。但是，政府官员有其私人的不同于政府和社会公众的目标函数，他很可能损公肥私，为了避免代理人的机会主义行为对委托人的利益造成损害，就需要委派或委托专职机构和人员，对受托方即政府所负财政责任的履行情况进行监督。受托财政责任是伴随着委托－代理关系的形成而产生的，这种责任关系不仅涉及财产管理，还涉及财产的增值，涉及对代理人的监管与控制问题，所以要求以第三者为主的机构进行监督。财政监督的目的是控制受托财政责任，财政监督过程就是对财政活动控制的过程，财政监督活动就是对受托财政责任的评价活动。因此，财政监督活动是一种控制活动，财政行为是一种控制行为，控制的对象是受托财政责任关系，控制的内容是受托财政责任履行情况，控制的目的是促进受托者认真履行受托财政责任。公共财政体制下，财政监督主体是全体公众，客体是政府的财政活动。但是，政府接受委托后，为了完成财政管理的任务，必须对公民的纳税行为进行监督，如果公民不依法纳税，公共财政收入不能完成，公共财政的职能也就无法实现，从而政府也就无法完成公众委托的财政责任。因此，政府对公民的监督是从公众委托政府这个委托－代理关系中延伸出来的一种监督关系，它对公民的监督权来源于全体公众的授权。公民自身对财政职能的实现也有一定的责任，因而公民也应该自觉服从财政管理、接受政府的财政监督。

因此，本书对财政监督的定义是：公共财政体制下的财政监督是基于受托财政责任关系的要求而进行的控制活动，它既包括公众对政府财政责任履行情况进行的控制和评价，也包括政府对公众服从财政管理的情况进行的控

---

① 胡乐亭，卢洪友，左敏. 公共财政学 [M]. 北京：中国财政经济出版社，1999：2－5.

制和评价。因而，财政监督的主体有两个，一是公众，二是政府。财政监督客体也相应地有两个，一是政府的财政活动，二是政府内部的财政管理行为和公众的纳税行为。公众和政府之间是一种相互监督的关系。在实践中，财政监督机构代表财政监督主体，独立检查会计账表、凭证以及相关资料、评价内部控制制度，查证财政财务活动，监督财政财务收支是否真实、合法、有效。受托财政责任关系贯穿财政监督活动全过程，这种关系决定着财政监督的产生，并随着社会的进步和发展不断完善，从而促进财政监督的发展。

对财政监督属性的认识，必须结合财政的概念来进行。公共财政下的财政监督和国家财政下的财政监督定位是不同的。姜维壮认为，"发达国家在实践中都很重视财政监督，一般都建立起一套以立法监督为主的比较严密的财政监督机制，在现实的政治经济生活中发挥着比较广泛的作用。而在这些国家的财政学和经济学著作中，却不谈财政监督职能。资本主义国家现实生活中广泛实行的以国家立法机关的监督为主体，按一定程序组织实施的较严密的财政监督机制，由于从机构的从属关系看，都属于国会监督的范围，从理论上也就被排除在政府的经济职能范围之外。"① 在计划经济时期，之所以将财政监督作为一项财政的职能，是因为财政监督的主体是单一的"财政"，财政监督依附于计划，保证计划的实现。也就是说，计划经济下的财政监督只是政府的一种内部监督，而不是公众监督政府。而在公共财政体制下，情况发生了变化，财政收入的来源不只是国有企业上缴的利润，更多依靠的是纳税人缴纳的税收，市场主体的行为已经不再属于政府活动，财政监督变成公众和政府的相互监督。在这种情况下，如果将财政监督作为"财政"的一项职能，就无法体现公共财政和国家财政的区别，就无法将"公众监督政府"这一公共财政的关键要素提到理论层面。有些学者希望在新时期继续将财政监督作为一项财政职能的用意是好的，即希望由此来强调监督的重要性，但是，这样做的结果可能会南辕北辙，不利于公共财政体制的构建。因为如果将财政监督作为财政的一项职能，那么，财政监督的主体就成了财政部门自身，而公共财政体制下，不仅需要"财政监督"，更要重视"监督财政"，即必须对政府的财政行为进行监督，以确保财政行为满足市场经济的要求和符合公众的意志。

按照现代管理理论，管理有四个基本职能：计划、组织、领导和控制。其中，控制是指监视组织各方面的活动，保证组织实际运行状况与组织计划要求保持动态适应。控制包括三方面内容：监督、指导和帮助。控制工作是

---

① 姜维壮. 财政监督的几个理论认识问题［J］. 中国财政，1997（8）.

由管理人员对组织实际运行是否符合预定的目标进行测定，并采取措施确保组织目标实现的过程。财政监督也包含监督、指导和帮助三方面的内容，财政监督本质上讲是一种管理控制。财政监督是财政管理的基本职能之一，要定义财政监督的性质，就必须搞清楚"财政管理"这个概念。"财政管理"是国家对财政活动进行计划、组织、领导和控制等一系列活动的总称。财政管理的授权主体是公众，而承担日常财政管理工作的主要是各级政府。财政管理的客体是财政活动，包括财政收支活动和与之有关的经济活动。财政管理的手段包括行政手段、经济手段和法律手段，财政管理的目的是通过对财政活动的计划、组织、领导和控制，实现财政职能。因此，财政管理是为财政服务的，财政管理是实现财政职能的一种手段和方式。既然财政监督属于财政管理的一部分，财政监督的性质就和财政管理的性质相同，属于实现财政职能的一种手段和方式。

因此，在公共财政体制下，财政监督的属性界定为实现财政职能的一种手段和工具为好，其原因在于：第一，保证了监督的主体不是单一的财政部门，还包括了公众和代议机构；第二，兼顾了公共财政体制下"监督财政"和"财政监督"两者的需要。而监督财政，正是要确保财政的行为是真正围绕财政职能展开，一旦政府的财政行为偏离了既定轨道，财政职能的实现就会受到影响，因此，监督财政是实现财政职能的手段和工具。

2.2 公共财政体制下财政监督的动因

2.2.1 公共财政体制下财政活动参与者的行为特征

1. 政府的行为特征

公共选择理论认为，政府决策者在他们所面对的约束条件下，会力求自己的效用最大化，这些约束包括可以和不可以利用宪法手段施加的约束，也就是说，政府力求把来自宪法规定的各种税收来源的收入最大化，如果对收入的用途没有约束，收入就会变得等同于政府决策者的私人收入。如果有约束，则政府的激励因素是追求约束之外的"剩余"。假设对收入用途的约束是要求把总收入的某一比例 α 花在法定的支出项目上，那么政府的"剩余" S，即可由政府自由裁量使用的收入，是收入 R 超出指定用途的那一部分余额 G。$S = R - G$，由于 $G = \alpha R$，所以 $S = (1 - \alpha) R$。因此，政府的利益最大化，要通过预算规模最大化来实现。

图 2 - 1 中，MB 为边际收益曲线，MC 为边际成本曲线，对应的社会最优产出水平为 q_0。但是，官员出于利益最大化的考虑，会将产出扩大到使得总收益与总成本相等时的产出水平 q_1。三角形面积 ebc 代表产出水平为 q_0 时的社会收益，而三角形 bdf 则代表抵消了消费者剩余的社会浪费。出现 q_1 这样的产出水平的原因，是出资人较弱的控制力使得官僚可以榨取 bdf 的剩余。于是，政府的行为特征提供了需要财政监督的一个理由，即社会公众必须通过立法机构对官僚机构进行约束，阻止官僚机构压低整体社会福利。如果官僚机构造成了高成本，那么来自投票者的公众不满情绪以及利益集团会迫使立法机构削减官僚机构的预算。①

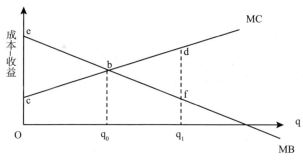

图 2 - 1　尼斯坎南模型

2. 政府官员的行为特征

按照公共选择理论，政府官员包括政治家和公共雇员两个部分。政府官员有不同于政府的行为特征，也有不同于一般民众的目标函数。政治家是从投票人中分化出来的，专门代行全部投票人职责的人。政治家具有影响政府决策的能力，政治家的收益有得到一般权力和特权、可以为他人提供服务、获得货币回报等。布雷顿提出的政治家效用函数公式中的变量包括：再次当选的概率、个人收入、权势、自己的历史形象、对崇高的个人理想的追求、个人对公共产品的看法以及政治家特有其他东西。布雷顿模型是：

$$U_p = U_p(a_m, a_n)$$

其中，U_p 是被选出的政治家的效用，a_m 是当选和再次当选的主观概率，a_n 是其他变量。政治家和一般人一样，是效用最大化者。②

政府具体工作的实施依靠公共雇员（官僚）。公共雇员是维持公共部门

① 帕特里克·麦克纳特. 公共选择经济学 [M]. 长春：长春出版社，2008：123.
② 杨志勇，张馨. 公共经济学 [M]. 北京：清华大学出版社，2005：80.

稳定运转的重要力量。尼斯坎南指出，政府机构首脑及其主要办事人员的薪金、职务特权（如权力、名望、人情等）以及政府机构首脑和机构本身的声誉等，都和政府预算的规模正相关。因此，公共雇员利益最大化也要通过预算规模最大化来实现，在这一点上，公共雇员的利益和政府的利益是一致的。但是，公共雇员也有不同于政府的目标函数。公共雇员是以个人利益最大化为目标取向的，即使其行为影响了政府利益也在所不惜。政府的利益最大化往往是通过合法的渠道实现的，而公共雇员的私人利益最大化，除了通过正常的合法收益以外，还可能通过非法的途径实现。因此，公共雇员在实践中，可能违反政府的法律法规，在既定的预算规模内通过各种手段为自己谋求非法利益。公共雇员的效用函数可以描述为：

$$U_q = U_q(a_c, \ a_d)$$

其中，U_q 是公共雇员的效用，a_c 是公共雇员通过预算最大化的合法途径获得的效用，a_d 为其他效用，包括违法违规获得的非法收益。公共雇员是否会违法违规，取决于他对预期收益与预期风险的比较，如果前者大于后者，他就会违法违规，如果后者大于前者，他就会遵纪守法，如图 2-2 所示。

不违规	违规
A	A + B - C

图 2-2　公共雇员的博弈选择

在不考虑道德和伦理的情况下，假设某公共雇员在合法情况下可以获得的收益为 A，通过违法违规活动可以增加 B 数量的收益，但同时，可能被监督部门发现而遭到处罚，产生负效用 C。显然，公共雇员选择遵纪守法的约束条件是：

$$A > A + B - C$$

化简后为：　　　　　　　　　　$C > B$

即只有当预期违法损失大于预期非法收益时候，公共雇员才会选择遵纪守法。这为财政监督提供了另一个存在的理由，如果没有财政监督，那么 C = 0，而 B > 0，上述不等式无法成立，公共雇员将选择违法违规，从而损害公众的利益。

3. 纳税人的行为特征

纳税人一般指负有纳税义务的组织和个人。首先，纳税人具有一般人的特质，即新制度经济学有关经济人的描述。其次，纳税人也具有基于其自身特点的一些行为特征。纳税人的行为包括经济行为和纳税行为。经济行为是指纳税人的生产、分配、交换和消费行为。纳税行为是指纳税人围绕纳税义务而发生的行为。本书所指的纳税人行为，是后一种行为。

纳税行为包括遵从与不遵从。税收遵从包括三个部分：一是及时申报，二是准确报告，三是按时纳税。对税法的遵从意味着严格遵守税收法律的规定，依法纳税。而税收不遵从则是指纳税人没有遵从税收法律制度的行为。税收不遵从主要包括如下几种形式：一是逃税，即纳税人采取非法手段逃避纳税义务的行为；二是偷税，即纳税人采取伪造、变造、隐匿、擅自销毁账簿、记账凭证，在账簿中多列支出、少列收入，或者进行虚假的纳税申报手段，不缴或者少缴应纳税款的行为；三是抗税，即纳税人或扣缴义务人以暴力、威胁等方法拒不交纳税款的行为；四是欠税，即纳税人或扣缴义务人超过税务机关核定的纳税期限，没有按时或足额缴纳而拖欠税款的行为。

纳税人是否会不遵从税收法律制度，取决于他对违反税收法规的预期收益与预期风险的比较，如果收益大于风险，他就会违反；如果风险大于收益，他就会遵守税收法规，如图 2-3 所示。

不违规	违规
E(1-t)	E-Et+F-G

图 2-3 纳税人的博弈选择

在不考虑道德和伦理的情况下，假设某纳税人的实际收入为 E，t 为他适用的税率，t 不随收入的变化而变化，F 为通过逃税、偷税、抗税或者欠税而少缴纳的税款，-G 为少缴税款被查处后的损失。显然，纳税人作出是否违反税收法规决策的约束条件是：

$$E(1-t) > E - Et + F - G$$

化简后为：　　　　　　　　　　$G > F$

即只有当预期违法风险大于预期非法收益时候，纳税人才会选择遵纪守法。

因此，税收不遵从为财政监督从另外一个角度提供了存在的理由，即政府必须对纳税人加以监督，才能保证纳税人遵从税收法律制度。

2.2.2　信息不对称

公共雇员之所以能够让预算规模超过最优水平，或者在财政管理过程中违法违规，是因为政府机构所具有的专业知识，使得公共雇员能够利用社会公众与他们之间的信息不对称。可以想象，如果一切信息都是公开透明的，委托人（社会公众）对代理人（政府及其官员）的信息一清二楚，代理人企图违法乱纪也是很难的，如果在财政透明的情况下也违反财政法规，那就不再是一个监督层面的问题。因此，代理人能够在既定制度框架内做出损害委托人利益的行为，还必须依托信息优势。

行为人之间对信息占有程度的不同称为信息不对称，其必要条件是不同行为人之间发生契约关系，否则就无所谓信息不对称。信息不对称是信息不完全的一种情况，即一些人比另一些人具有更多、更及时的有关信息。信息不对称除了源于人们认识能力不足之外，还源于行为主体充分了解信息所花费的成本太大，不允许其掌握完全的信息。因此，信息不对称也可以说是信息分布或信息获得的不公平性，其形成原因是信息本身具有的不公平分配和内幕交易。

哈耶克在《知识在社会中的利用》中，把知识分成两类：一类是科学知识，即被组织起来的知识由专家所掌握，在理论和书籍中可以得到；另一类是特定时间和地点的知识，为处于当时和当地的人独家拥有。哈耶克所讲的知识，实际就是信息，不同种类的信息在经济系统中的地位和作用不同。特定时间和地点的知识是特定的人才能掌握的信息，因此这类信息是信息不对称的根源。基于这种信息的决策只有被当时和当地拥有该信息的人做出，或由他积极参与做出，这种信息才被利用。信息不对称造成了市场交易双方的利益失衡，影响社会的公平、公正原则和市场配置资源的能力。在委托 - 代理关系中，拥有信息优势的一方为代理人，不具信息优势的一方是委托人，委托方和代理方实际在进行无休止的信息博弈。信息不对称有几种表现形式。一是信息源不对称。在委托 - 代理关系中，信息源本身就来源于代理人，而委托人始终和信息源有一定的距离。二是信息的时间不对称。代理人总是在第一时间获得有关信息，而委托人要等到代理人向其公布信息之后才知道。三是信息的质量不对称。代理人公布的信息很难完全等于真实信息，委托人获得的信息质量永远差于代理人。

在社会公众和政府之间，社会公众是委托人，政府是代理人，社会公众和政府之间永远存在信息不对称问题。在政府内部，上级政府是委托人，下级政府是代理人，上级政府和下级政府之间存在信息不对称。因此，公众和政府之间，以及政府上下级、政府内部各个机构之间，都存在博弈关系。博弈的焦点是对信息的掌握程度，有关博弈环境和博弈方情况的信息，是影响博弈方选择和博弈结果的重要因素。由于代理人始终占有信息上的优势，这使得代理人有很多机会实施违法和违规的行为，并且在代理人看来，这种博弈胜算较大。信息不对称的程度越严重，代理人可以利用的机会将越多，因此，作为委托人，为了克服代理人利用信息不对称带来的机会徇私舞弊，必须对代理人进行财政监督。财政监督加强的结果，实际是披露了有关实际的财政信息，增加财政透明度，减轻信息不对称的程度。从理论上不难理解，如果信息被财政监督机构完全无误地披露，信息不对称的情况彻底消失，那么代理人徇私舞弊的机会也将消失。

2.3　公共财政体制下财政监督的层次与目标

2.3.1　社会公众对政府财政行为的监督

社会公众对政府财政行为进行监督，是财政监督的第一个层次。社会公众对政府财政行为进行监督有两种手段：一是直接监督，二是间接监督。直接监督包括舆论监督和公众的建议权、参与权等，即社会公众通过自己的直接了解和观察，通过舆论对政府财政活动进行监督，或者对政府行为作出直接的建议和参与。这种监督方式的效果取决于两个因素：一是财政透明度，二是言论自由度。间接监督即社会公众通过政府中的民意代言机构对政府财政活动进行监督。在这里，我们将政府定义为一个比较广泛的代理机构，包括立法机构、行政机构和司法机构。立法机构虽然属于政府组成机构，但它的主要职能是代表民意进行立法和监督。相对于行政机构而言，立法机构不参与具体财政决策，具有较强的独立性。在我国，立法机关是全国人民代表大会。

社会公众对政府进行财政监督，其目的是维护社会公众的利益。在实践中，政府的财政活动可能偏离社会公众的利益要求，更大程度地倾向于政府自身的利益需求。在阶级社会，财政主体上是专制财政，因而政府的财政行为更多地倾向于统治阶级，社会公众无力进行监督。但在社会主义国家，社会公众有权对属于自己利益范围内的财政行为进行监督，确保政府财政行为不偏离必要的界限。因此，社会公众对政府进行财政监督的目标有三个。一是对财政立法情况进行监督。财政立法必须考虑社会公众利益和国家利益，不能离开社会公众利益，因而必须接受社会公众监督。二是限制政府财政行为和法律法规之间偏差的积累。从理论上讲，财政法律法规实际上已经界定了社会公众必要的财政权利，只要按照既定的法律法规开展财政活动，就可以保证社会公众的利益。社会公众对政府进行财政监督，就是要保障政府在执行财政法律法规时不要偏离太远。三是处理社会公众内部的复杂局面，保证财政决策的公平和有效率。社会公众对政府的财政监督还要保障政府不被个别利益集团俘获，采取偏向少数利益集团的财政行为。

2.3.2　立法机构对政府财政行为的监督

立法机构对政府财政行为的监督是财政监督的第二个层次。立法机构作为代议机构，在性质上既是政府系列，又是公众的代表，立法机构开展的财政监督具有特殊性，它既可以说是政府的内部监督，也可以说是公众对政府的外部监督。在现代国家，立法机构是政府内部的最高统帅，立法机构与其他政府机构之间存在委托－代理关系，立法机构授权其他政府机构进行财政管理工作，其他政府机构对立法机构负责。在这个层面上讲，立法机构是其他政府机构的委托人，而其他政府机构是立法机构的代理人。

立法机构对政府财政行为进行监督，其目标主要是限制政府财政行为和宪法与法律之间偏差的积累。立法机构监督的依据是宪法和法律，行政机构在执行任务过程中，可能会偏离宪法和法律的范围，必须限制这种偏差的积累，将偏差限定在一定的程度内。当然，这必须以"有法可依"为前提，立法机构应制定有关财政管理的法规，包括财政收支各个方面。当前，国际上对立法机构财政监督的具体目标有一些具有参考价值的规定，比如，按照1977年10月26日在利马召开的最高审计机关国际组织第九届代表大会上通过的《利马宣言——关于财政监督的指导方针》，公共财政监督必须实现的特定目标包括切合实际而有效地使用公共资金、力争实现严格的经济管理、行政工作必须具有合法性、提出客观报告，以及既向国家机关也向公众通报有关信息等。财政监督机构作为托管经济的公共财政管理体系的内在要素，监督本身不是目的，而是一个规章体制必不可少的组成部分，它应该及时披露财政行为的偏离准则和违背合法性、经济效益性、目的性以及节约原则，以便在具体情况下采取具体措施，使有关责任机关承担责任，达到赔偿损失或者采取措施，避免今后重犯，或者至少使这种重犯难以发生的目的。概括起来，立法机构财政监督的目标主要是：财政行为和会计工作的合法性和合规性，行政行为的经济效益性、目的性、节约和效率。立法机构财政监督的对象不仅包括具体的财政行为，还涉及公共行政管理机构的全部工作，包括其组织和行政管理体制。

2.3.3　政府财政部门对预算单位的财政监督以及自我监督

政府财政部门对预算单位的财政监督以及自我监督，是财政监督的第三个层次。这三个层次的监督，本质是政府内部对其财政行为的自我控制。行政机构是具体行政行为的执行者，主要的财政收支都由行政机构掌管。行政机构接受社会公众和立法机构的委托，作为财政行为的主要代理人，有着自身的管理职能，包括计划、组织、领导和控制。行政机构管理的重要对象之一是财政收支活动，行政机构为了实现自己的管理目标，必须对财政行为进行控制，即对财政收支活动进行监督、指导和帮助。财政部门作为行政机构财政工作的主要执行者，有责任对财政收入的情况和自己拨付的财政资金的使用情况进行监督，这个层次的财政监督，是财政部门代表行政机构对政府内部财政行为开展的监督。

作为一种内部控制，政府内部财政监督的目标有其组织特殊性。从抽象意义上讲，政府内部财政监督的目标主要是限制本级政府各预算单位和下级政府的财政行为与宪法、法律以及上级和本级政府自己制定的政策法规之间偏差的积累。政府为了完成全体公众委托给自己的管理任务，有必要对各预算单位的财政行为进行监督，确保这些单位的行为不偏离规定太远。具体来讲，政府内部监督的目标应该包括三个：一是财政收入的合法性和征收质量。政府财政收入主要包括税收收入和非税收入，政府内部监督机构的职责是对税法执行情况和财政政策的贯彻落实情况进行监督检查，履行对税收征管部门的再监督和监缴行政性收费、政府基金的职能。二是财政支出的合法性和效益性。财政资金分配使用必须科学和有效，应保证政府公共支出需要，充分发挥财政资金使用效益。三是财政部门内部管理合规性。内部监督的另一项目标是对财政部门管理水平进行检查和评价，目的是健全制度、堵塞漏洞，实现对财政资金分配和管理的内部监控，保障财政资金安全。

2.3.4　政府财税部门对纳税人纳税行为的监督

政府对纳税人的财政监督主要通过行政机构对纳税人依法缴纳税费的情况进行监督，主要由税务部门和财政部门来完成。政府对纳税人进行财政监督的目标相对简单，主要是监督纳税人遵守财税法规，限制纳税人行为与税费法规的偏差，确保纳税人依法缴纳税费，为公共财政组织收入。

2.4　公共财政体制下财政监督的内容

财政监督的内容是财政监督客体的具体化，即财政监督客体在哪些方面的行为属于被监督范畴。根据《利马宣言》，财政监督的内容包括"公共资金"和"公共财务管理",即凡是涉及公共资金的活动,都是财政监督的对象,内容十分广泛。《利马宣言》着重提出了几个方面的监督内容:国家的整个财政行为,包括列入和未列入国家预算的一切财政行为;驻外的国家机构和其他机构;国家捐税;国家承包合同和公共建筑工程;电子数据处理设备;国家参股的经济企业;接受公共资金补贴的单位;国际组织和跨国组织。

2.4.1 预算管理

(1)预算编制。财政预算反映政府的活动范围、活动方式和活动内容,预算编制监督的内容一是对各级政府财政根据预算管理体制编制的年度预算进行审批和监督,二是对纳入财政拨款的预算单位年度预算情况进行监督。监督的重点环节是预算编制的法律依据、预算编制的程序和预算编制的方法。

(2)预算执行。一是在预算执行过程中对各级财政和预算单位执行预算的情况进行监督,如预算收入的完成情况、形成财政赤字的原因、预算专款的审批、财政补贴的拨付和使用等。二是对各级财政和预算单位的财政决算进行审查,如财政决算有无违规调整类、款、项、目、节内容与数据的行为。

2.4.2 财政收入

财政收入来源于税收收入和非税收入两大组成部分,非税收入包括行政性收费、罚没收入和专项基金收入等。对财政收入的监督包括两个层面,第一个层面是对税收征收部门和非税收入征缴部门的征收质量进行监督,解决税收征收管理以及缴库退库过程中存在的问题,以及非税收入征缴部门在非税收入征收过程中出现的弊病。第二个层面是对纳税人的纳税行为进行监督,确保纳税人依法纳税。第一个层面的财政收入监督包括四个主要部分。一是税收收入监督,即对税收法规和政策执行情况和征税质量进行监督,如税收的征收范围是否全面、征收对象和税率的确定是否符合法规的规定、有无违反规定减免税收,确保税收征收质量。二是行政性收费和基金监督,包括行政性收费和政府性基金的立项、审批是否符合规定,行政性收费和政府性基金收取的标准和范围是否符合规定,行政性收费和政府性基金是否按规定纳入财政预算管理,行政性收费和政府性基金是否使用统一的专门票据。三是筹集社会保障资金的监督。四是其他财政收入的监督,如应缴财政管理的行政性事业单位资产处理收入、罚没收入等。第二个层面的财政收入监督是财税部门依据《税收征收管理法》的授权，在税收征收管理过程中，对纳税义务人、扣缴义务人执行税法、履行纳税义务和扣缴义务的行为，以及影响纳税的各个工作环节进行检查，以保障国家税收收入。

2.4.3　财政支出

财政支出监督是财政监督的核心和重点，财政支出一般指预算支出，包括行政经费支出、基本建设支出、社会保障支出、转移支付支出等。财政支出监督重点包括五点。一是行政事业费支出，含行政管理费支出和事业经费支出。行政管理费支出监督包括部门预算、单位经费支出等，着重监督其预算编制与执行。事业经费支出是国家财政用于非政府职能部门公益性单位的支出，含全额拨款、部分拨款补贴、专项拨款等。二是政府采购支出。政府采购是指以法定方式、方法和程序，使用财政资金购买货物、工程或服务的活动，对政府财政支出进行监督可以提高资金使用效益和预防腐败。三是基本建设支出。基本建设投资中很大部分是财政性资金，基本建设通常投资大、周期长、工程复杂，在市场经济条件下一般分为非经营性财政投资和经营性财政投资两种类型。四是社会保障资金支出。社会保障资金实行预算管理，是政府预算的组成部分。监督的具体内容主要是社会保障资金的预算管理、主管部门的内部控制制度、社会保障资金投资营运的安全性、社会保障投资的收益率、社会保障资金投资风险准备金的设立与计提等。五是转移支付资金支出。转移支付资金是不同层级政府间财政资金的无偿和单方面转移，或者财政向非财政部门的转移。监督重点是转移支付项目是否合规和是否纳入预算，接受的转移支付资金的部门是否按要求划拨资金或者使用资金，有无截留或者挪用的情况等。

2.4.4　国有权益

国有权益由国有资本及其派生的经济利益构成，国有权益包括国有单位的经营性和非经营性国有资产、财政投入到经营领域企业的资本金及其权益、对国有企业的财政补贴等。国有权益监督主要包括三点。一是国有资本产权界定。国有资本是国家对各类企业以各种形式进行的投资和投资所形成的权益，应监督其产权界定是否合法和合规。二是国有资本运营监督，主要是对资本运作方向及其效率的监督，以所有者的身份行使出资人监督权，监督国有企业或者国家控股企业开展的资本运作活动，监督国有企业改制，防止国有资产流失，监督国有资本对外投资效率，监督防范风险行为与措施等。三是国有收益监督。国有收益即国有资本收益，包括国有资本投资收益、产权转让收益、企业清算收益等。监督重点是国有资本收益的完整性、产权转让收益的完整性和企业清算收益的正确性。

2.4.5 其他公共性资金

比如对国际组织和外国政府援助贷款项目等。

2.5 公共财政体制下财政监督的手段

财政监督手段是指财政监督主体为了实现财政监督目标而采取的方式方法，具体包括工作方式和技术方法两部分。

2.5.1 工作方式

财政监督工作方式，是财政监督部门根据财政监督的目的或财政监督工作任务而形成的一种专门的工作形态。财政监督部门依据宪法、法律、行政法规和财政规章的不同要求，确定财政监督计划，按计划开展财政监督，或根据日常财政管理过程中发现的问题，采取科学、适当的监督方式，及时组织开展监督检查，以保证财政监督的有效性。[①] 财政监督的工作方式主要包括六点。一是日常监督，即财政监督部门和财政机关各业务部门按照国家法律法规的规定对预算执行和财政管理中的日常事项所进行的监督管理活动，它是天然贯穿在日常财政工作中的。二是全过程监督，即财政监督管理部门对财政监督客体在财政经济事项发生前进行审核，发生过程中进行监控，事项结束后进行检查，实行全过程监控。三是分段监督，即财政监督部门根据情况，选择一个恰当的时段对财政监督客体的行为进行监督。可选范围：事前审核，即财政监督部门通过对财政监督客体将要发生的财政经济事项，及其相关行为的合法性、合规性进行审核，保障财政经济事项符合国家法律法规及效益性；事中监控，即财政监督部门通过对财政监督客体已经发生但尚未结束的财政经济事项进行的实时监控；事后检查。即财政监督部门通过对财政监督客体已经结束的财政经济事项，根据国家的法律法规进行印证性检查，并对违法违规者作出处理或处罚的行为。四是全面监督。全面监督是指财政监督部门对某一或者某些财政监督客体在某一时期内发生的全部财政财务收支活动、所有的核算资料以及涉及的所有财政经济业务事项进行的事后

---

① 财政部财政监督课题组. 财政监督 [M]. 北京：中国财政经济出版社，2003：77.

监督。它在监督内容上十分全面，但在监督时段上属于事后检查。五是专项监督，即财政监督部门和财政机关各有关业务部门对某一特定类型的项目进行的监督检查，这些项目可能存在于同一监督客体，也可能分散在不同的监督客体，但它们属于同一类型的经济业务，或者在性质上属于相同问题，监督检查的结果可以进行归纳。六是个案监督，即财政监督部门根据上级批示，或者日常监督检查和专项监督检查中发现的线索，或者根据群众举报，组织力量对监督客体在某一时期发生的某一具体财政财务收支活动、核算资料或者某些需要实施检查的经济事项进行的监督检查。

2.5.2　技术方法

财政监督的技术方法是指财政监督部门在具体的检查工作中，采用何种手段查清目标问题，取得检查证据，得出检查结论。财政监督需要检查书面资料，也需要查证客观事物，二者又需要不同的技术手段。

1. 检查书面资料的技术

检查书面资料是财政监督最常用的一种手段，包括如下四种方法。

（1）审阅法。即财政监督检查人员通过仔细阅读和审核各种会计凭证、账户、报表以及有关文件和其他原始资料，从中发现问题和线索的一种检查方法。审阅法可以鉴别书面资料及其反映的业务活动是否真实、合法、有效，以此来取得财政监督证据。审阅范围有原始资料、基础资料和业务报表等。

（2）核对法。即财政监督检查人员同时取得两类或多类书面资料，通过对这些资料进行比较和鉴别来发现问题，取得财政监督证据。可用于核对的资料包括凭证、账簿、报表等，核对资料的匹配方式包括原始凭证与记账凭证相核对、记账凭证与总账和明细账相核对、明细分类账与总分类账相核对、会计报表与总分类账和明细分类账相核对、业务报表相互之间的核对、业务账簿与现金和实物相核对等。

（3）查询法。即财政监督检查人员在检查中发现从现有资料中难以辨别的异常情况或者重大怀疑事项，通过调查取证或者询问方式来了解情况，取得财政监督证据。查询法分为面询和函询，面询即口头询问，财政监督检查人员针对问题找到相关人员进行谈话、访问或者召开座谈会，或向有关责任者、知情者咨询意见、了解情况。函询也叫函证，当面对不能盘点或观察的债权债务，需要了解某项具体经济业务事项的实际情况或核实一些往来账目，财政监督检查人员就向对方发出函件了解情况，取得财政监督证据。函证分为积极函证和消极函证，积极函证要求被函证单位在收到函证之后必须给予回复，消极函证则只有在被征询人认为求证事实有差异时，才给予答复。

（4）分析法。即财政监督检查人员根据被检查单位的有关会计资料，进行技术分析和综合，揭示其相互关系和构成要素，以此发现问题，取得财政监督证据。分析法包括：比较分析法，即对被检查单位的某些书面数据与相同项目的指标进行对比和分析；比率分析法，即利用不同指标之间的比率关系，对某些项目或某一问题进行测试或评价；平衡分析法，即利用平衡原理对生成经营活动中有关业务数值的平衡关系进行分析；因素分析法，即计算一些相互联系的因素对某一综合经济指标影响的程度；趋势分析法，即通过某一指标各个年度对基年的系列百分比，来考察该指标不同时期的变动情况和发展趋势；账户分析法，即利用账户的对应关系来查证账户记录有无差错；账龄分析法，即通过编制应收账款账龄分析表，分析其回收可能性大小，估计坏账损失。

2. 检查客观事物的技术

财政监督检查中，也可能需要对事物的性质、形态、数量和价值进行判断，以验证其合法性、合规性和正确性。检查客观事物的方法包括两种。

（1）盘点法。即财政监督检查人员对被检查单位的现金、有价证券、原材料、在产品、产成品、固定资产、低值易耗品和其他物资的实际存量，进行实物清查。盘点法分为直接盘点法和监督盘点法两类：直接盘点是指由检查人员直接盘点实物，证实有关财产物资是否与书面资料相符；监督盘点法是指由被检查单位的管理人员进行盘点，财政监督人员在现场观察，并根据被检查单位盘点的情况进行适当的抽查，以核实书面资料是否与实物相符。

（2）调节法。即对与检查项目有关的因素，根据其内在联系，按照一定的方法进行调整计算，以验证其正确性。调节法实质上是通过调整计算，消除书面资料的技术性错误，以便验证书面资料的正确性。

（3）观察法。即财政监督检查人员进入现场对生产经营、财产物资管理和内部控制制度的执行情况进行实地观察，以取得财政监督证据。观察法主要是核实财产物资的真实性和内部控制制度的实际执行情况，灵活性强，实用面广，但耗时耗力。

（4）鉴定法。即实施财政监督时运用专门技术对技术资料、实物性能和质量、财产物资价格进行识别、测试和鉴定。这种方法主要适用于特殊对象，如果这些财政监督对象的结构、性能和质量无法通过一般方法来鉴定，超出了财政监督检查人员的一般知识水平，那么需要专业技术人员协同解决。

3. 计算机辅助技术

随着会计电算化的普及，电子计算机被广泛用于管理信息处理和账务处理，许多机关事业单位和大中型企业，在财政资金数据处理、财政预决算数据处理、会计核算数据处理、会计报表编制以及工资核算、成本核算等方面都实行了电算化，这对财政监督技术手段提出了新的要求。会计电算化影响了财政监督的操作对象，使许多环节发生了根本性的变化，会计电算化还改变了人与数据接触的方式，人与数据失去了直接的接触，难以用手工方式对经济业务进行直接的追踪。因此，新时期的财政监督，必须引入计算机辅助技术。财政监督在检查财政经济业务事项的时候，间接地也对电算系统进行了检查，包括内部控制制度检查、应用程序检查、数据文件检查、处理检查和系统开发检查。在检查中，财政监督人员自身也要利用计算机的设备和软件进行检查。计算机技术不但可以提高检查的质量，还可以提高检查的效率，使检查人员能够在短时间内进行大量的数据整理、统计和分析。

2.6　公共财政体制下财政监督的一般效应

2.6.1　强化财政管理

在市场经济制度下，国家必然有一套全面的财政、税收、预算、公债、财务、国有资产管理等方面的财政制度。财政监督作为一种强制性、限制性和规范性的约束、监察和督导行为，其目的正是在于确保国家各项财政制度的科学制定和有效实施。通过财政监督的监控、评价、纠偏和反馈等功能，可以及时发现和反映出财政管理中存在的问题以及财政制度存在的缺陷，将财政监督结果反馈到相关管理部门，可以健全和完善财政制度，提高国家财经纪律的科学性。另外，通过财政监督，可以监察和督促被监督单位的经济活动在规定的范围内和正常的轨道上进行。财政监督工作的核心是监督检查，即通过监督，了解被监督单位经济活动的真相，然后用国家的财政法规进行衡量，得出被监督单位经济活动是否合法合规的结论，促使被监督单位的经济活动在国家财政法规允许的范围内进行。通过财政监督，还可以评价被监督单位的内部控制制度是否健全和切实执行，财政财务收支是否按照预算和有关财经法规执行，各项财政资金的使用是否合理和有效，会计资料是否真实完整。对国有及国有资本占控股地位或主导地位的企业，还要评价其经营决策方案是否先进等。绩效预算监督是体现财政监督管理效应的重要方式，是当前世界各国财政改革的主要方向。

2.6.2　实现财政职能

财政监督有利于财政职能的实现。首先，财政监督有利于资源配置。在纯粹市场经济体系中，市场提供的商品和服务数量有时过多，有时不足，整个社会资源配置缺乏效率。政府可以改变公共部门与私人部门之间的资源配置状况，也可以对市场提供的商品和服务进行调整或补充，以实现社会资源的有效配置。但是，在实践中，政府对资源的配置可能出现有意或无意的失误，政府有可能做出不利于资源有效配置的行为，或者政府可能存在知识和经验不足，导致政策失误。财政监督可以纠正这种有意或无意的失误，使政府对资源的配置回到最优状态。其次，财政监督有利于收入分配。财政具有收入分配职能，即政府对市场产生的收入分配进行调整，通过收入转移或减税增加某些人的收入，通过加税减少另一些人的收入。财政进行收入再分配的目的是实现不同群体收入分配的公平，以有利于社会和谐。在实践中，受到价值观念和廉洁程度的影响，政府可能在收入再分配上无所作为甚至适得其反，导致贫富悬殊，影响社会稳定，财政监督可以纠正政府的不作为和错误行为，实现财政的收入分配职能。最后，财政监督有利于经济稳定和发展。财政的稳定职能是指政府在失业严重和经济萧条时期实行赤字财政，在充分就业和通货膨胀严重时期实行盈余财政，以熨平经济波动。财政的经济发展职能是指政府以经济增长为核心，以结构调整为重点，促进社会经济持续发展。在实践中，政府的财政政策很不容易掌控，由于财政调控经济在技术上是一件很困难的事，政府可能出现操作失误，财政监督可以控制政府的财政收支行为，确保其在实现经济稳定与发展过程中，不会引发新的不稳定因素。

2.6.3　维护财经纪律

财政监督可以通过对有关违反财经纪律的当事人的查处，震慑违法违规者，保障国家财经纪律的权威性。一方面，财政监督维护国家财经纪律的目的，是整顿和规范市场经济秩序。财经秩序是市场秩序的重要组成部分，整顿和规范财经秩序对维护市场经济秩序有很大作用。在市场经济建设实践中，各行各业都可能违反国家财经纪律，由于市场主体行为带有一定的盲目性和随意性，经济市场可能出现无序状况，财经纪律松弛、财税秩序混乱，会影响财税政策的贯彻落实和政府宏观调控功能的发挥，不利于经济增长。财政监督通过维护国家财经纪律，整顿市场经济秩序，规范市场主体的行为，可以有效地提高经济运行效率。另一方面，国家财政如果不受监督制约，就会产生权力滥用、滋生腐败，导致对财政资源的不恰当收取、支配和使用。由于政府可以人为创造出一种稀缺，这种稀缺会带来潜在的租金，从而使得社会出现寻租行为。寻租行为通过浪费经济资源而消灭价值，对社会经济发展危害很大。寻租行为一般发生在政府的特许权、关税与进出口配额、政府采购等领域。在政府官员自律能力较差的情况下，寻租行为往往得逞。同时，在财政管理不善的情况下，收"人情税"、拨"关系款"、私设小金库等腐败现象更是花样百出。财政监督可以对财政领域的各种权力形成监督制约机制，将政府官员的行为置于监督之下。

2.6.4　促进民主政治

由于公共物品在供给机制与定价机制方面均与私人物品有所不同，公共财政在本质上属于民主财政，公共财政的存在与构建必须以完善的民主制度为前提。"公共财政论"的生成与现代民主政治体制以及市场经济体制的产生是同一个过程，它们互为前提，互相促进。在公共选择理论中，政府由政治家和官员组成，在人性存在缺陷的情况下，政治家和官员的基本行为动机也受个人利益最大化影响，政治家和官员的效用函数中包含权力、地位、名声、威望等欲望层面的因素。虽然增进公共利益也是政治家和官员目标函数中的一个变量，但不是首要变量或权重最大的变量。政治家和官员受到个人欲望和利益集团的影响，可能做损害公众利益的事情。公共财政就是为了克服政治家和官员的人性缺陷，由"公共"对之进行规范、决定和制约的国家财政。公共财政下的财政监督就是对财政活动以立法的形式加以根本的规定，使得公众可以通过自己的代议机构，去决定、规范和约束政府的财政行为，确保财政活动不违背公众的意志和根本利益。因此，公共财政下的财政监督有利于民主政治建设。

2.6.5　提高政府效率

财政监督可以通过监督控制的手段来提高政府效率。一是提高政府决策的效率。在现代社会中，人们可能结成一定的利益集团，追求和实现其共同利益。利益集团可能通过竞选捐款、院外游说、直接贿赂等手段，对政治家和官员产生影响，使政府做出不利于公众的决策，导致社会经济效率下降。同时，利益集团的争斗还会影响政府和社会的稳定，造成政府工作效率下降。财政监督可以控制利益集团和政府的行为，无论利益集团采取何种手段，都会受到财政监督的制约。二是提高政府运转的效率。公共选择理论认为，政府可能因为缺乏竞争和激励而导致官僚主义和低效率。原因有三个，其一，由于政府提供的服务具有绝对的垄断性，政府没有提高服务质量的激励机制，使其不但服务质量有自然下降的趋势，而且还可能利用垄断地位隐瞒其成本。其二，政府部门之间缺乏竞争，政府部门没有提高效率的动力。在政府部门中，不仅工作人员之间缺乏竞争，各部门之间也缺乏竞争。没有竞争的压力，也就没有提高效率的动力。其三，政府部门存在内在的扩张冲动，往往出现过度供给，造成社会资源的浪费。财政监督可以通过引入绩效预算考评机制，对政府工作进行成本－收益考核，考核政府工作绩效，提高政府运转效率。

第**3**章

我国财政监督的现状分析

3.1　财政监督机构的组成和运转情况

3.1.1　当前我国财政监督模式与架构

当前，我国财政监督主要是政府内部控制和政府对纳税人进行的财政监督，其执行机构是审计部门、财政部门的财政监督机构和税务部门的稽查机构。而社会公众及各级人大对政府的财政监督相对较弱。《审计法》规定，审计部门隶属各级政府，在政府行政首长领导下开展工作。而财政监督机构属于各级财政部门内设的一个职能机构，由一位财政部门副职领导分管。审计和财政两家监督机构都实行横向和垂直相结合的方式，税务部门实行垂直管理，其架构见图 3 – 1。

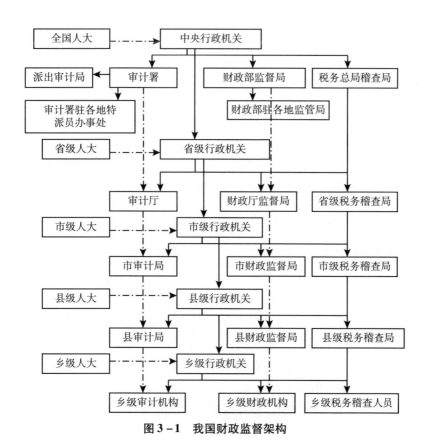

图 3 – 1　我国财政监督架构

图 3-1 中，实线表示上级对下级有绝对的领导权，虚线表示上级对下级只有业务指导权。从图中可以看出，我国财政监督机构都隶属于各级行政或者行政部门的领导，属于行政型财政监督模式。在我国现行的行政型财政监督模式中，委托人为上级行政机构，即上级行政机构领导财政监督机构对各平级预算单位和下级行政机构进行财政监督，于是，这种财政监督模式演变为行政机构自身对自身的监督，其组织模式见图 3-2。

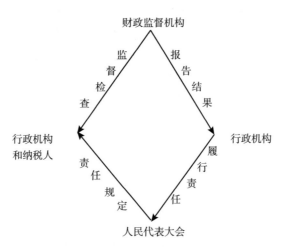

图 3-2　我国现行财政监督制度的组织模式

在图 3-2 中，财政监督框架显示出"四级状态"，行政机构同时出现在左右两边。根据几何学的常识，四边形的结构是不稳定的。

3.1.2　社会公众对政府财政活动的监督现状

社会公众对政府进行财政监督，是外部财政监督，主要实现途径是舆论监督和政策建议。舆论监督即社会公众通过日常工作和生活中对财政运行的了解以及政府公布的财政报告，对政府进行财政监督。舆论监督首先要依托真实完整的财政信息，因此，财政是否透明将直接影响监督效果。按照国际货币基金组织的看法，财政透明度主要包括四个方面的内容：政府作用和责任的澄清，使公众获得信息，公开预算过程（预算的编制、执行和决算报告），保证财政信息的真实性。

在财政信息真实性方面，要使财政信息接受公开、独立的监督，具体包括：由独立于行政机关的国家审计机构及时向立法当局和公众报告财政数据的真实性；邀请独立的专家对财政预测及其依据（宏观经济预测及其潜在假设）进行评估；从体制上确保国家统计机构的独立性，以便其核实财政数据的质量。从国际现状来看，我国目前财政透明度程度与国际规范存在差距，有待改进。

政策建议是指政府的财政政策出台之前，应该征求公众意见，公众有权对政策提出建议。财政政策实施之后，也应该倾听公众的反馈，公众同样有权对政策实施的效果作出评价。政府应该认真听取公众意见并对政策失误加以分析、总结和修正。

3.1.3　人民代表大会对政府财政活动的监督现状

社会公众对政府的监督是通过各级人民代表大会的财政监督职能来进行的。立法机关是公众的代议机构，它是最接近于公众的代言人。因此，在一定程度上，人大对其他国家机关的监督是代表委托人对代理人进行的财政监督。目前，我国人大的财政监督指人民代表大会依据《宪法》以及国家的相关法律、行政法规，对财政部门执行国家的有关财经政策和法律、法规的情况，综合预算和部门预算编制、执行情况实施监督的一种国家管理活动。人大对预算编制、执行情况的监督，主要包括对草案予以审查和批准，人大常委会对预算执行不定期监督和对预算调整和变更情况的审查和批准，再到对预算执行结果的审查和批准这个全过程。①

目前我国人大财政监督机构包括代表大会、财经委员会、预算工作委员会和特定问题调查委员会。代表大会的作用是审议表决预算草案，对预算、预算执行和决算进行监督。财经委员会根据各代表团和有关专门委员会的意见对预算草案进行审查，并提出审查结果报告。为了加强对预算的审查监督，1998 年九届全国人民代表大会常务委员会第六次会议通过了设立预算工作委员会的决定，1999 年又制定了《全国人民代表大会常务委员会关于加强中央预算审查监督的决定》。② 之后，各地方人民代表大会常务委员会也相继设立了预算工作委员会，协助财经委承担人大及其常委会审查预决算、审查预算调整方案和监督预算执行方面的具体工作，承担财政、税收、审计等方面法规草案的起草工作和政府规章、规范性文件备案审查的有关工作，以及承担人大常委会对财政、税务、审计等方面执法检查的具体工作等。特定问题调查委员会是人大的一种临时委员会，县级以上各级人大及其常委会根据代表的提议请求，为查清某一财政问题，按法定程序可成立特定

---

① 李娟. 中英立法机关财政监督制度比较［D］. 中共中央党校硕士学位论文，2004.

② 蔡定剑. 中国人民代表大会制度（第四版）［M］. 北京：法律出版社，2003：376–378.

问题调查委员会，任务完成，委员会即告结束。① 由于预算审查监督工作的专业性比较强，工作量比较大，全国人大财经委承担的工作范围太宽，难以集中精力进行，使得这项工作不能深入，在一定程度上影响了预算审查监督的效果。预算工作委员会成立之后，虽然在一定程度上加强了人大财政监督的力量，但是，相对于具体的财政监督工作而言，其作用依然显得非常微小。

当前人大财政监督的主要内容包括以下方面。

（1）对预算草案审查批准。在人民代表大会会议举行前一个月，各级政府财政部门应当将预算草案提交财政经济委员会进行初步审查。各级政府在本级人民代表大会举行会议时，向大会作关于本级总预算草案的报告，由本级人民代表大会审查和批准。这属于一种事前监督，监督内容包括：社会固定资产投资规模，一些重要部门和行业，如农业、教育、科技、能源、交通等方面的投入规模；涉及面广、影响深远、投资巨大的国家重大建设项目；一切涉及国家税收的增加和减少措施；货币发行指标。②

（2）对预算执行的监督。根据《预算法》，各级政府应当在每一预算年度内至少两次向本级人民代表大会或者其常务委员会作预算执行情况的报告。

（3）对预算在执行过程中部分调整的审查批准。各级政府对于必须进行的预算调整，应当编制预算调整方案，报请同级人民代表大会常务委员会审查和批准。未经批准调整预算，各级政府不得做出任何使原批准的收支平衡的预算的总支出超过总收入或者使原批准的预算中举借债务的数额增加的决定，对违反规定者，人大及其常委会有权责令其改变或者撤销。因特殊情况必须调整中央预算的，国务院应当编制中央预算调整方案，并于当年7～9月提交全国人民代表大会常务委员会。

（4）各级政府财政部门编制的决算草案，报本级政府审查之后，由本级政府提请本级人民代表大会审查和批准。审查重点是：决算是否符合法律、法规的要求；是否执行人大批准的预算；预算收支完成情况，内容是否完整；重点支出完成情况和资金使用效益情况；上年节余和结转资金，当年预算超支和中央财政专项拨款的数额和使用情况；预备费用情况；对审计工作报告中提出问题的纠正情况及存在问题的改进措施。

---

① 参见《全国人民代表大会常务委员会关于加强中央预算审查监督的决定》，1999年12月25日第九届全国人民代表大会常务委员会第十三次会议通过。

② 参见《中华人民共和国预算法》，1994年3月22日第八届全国人民代表大会第二次会议通过。

（5）人民代表大会可以改变或撤销人民代表大会常务委员会关于预算、决算的不适当决议。

但是，当前人大对财政的监督情况不够理想，表现在以下方面。

（1）宪法和法律对人大财政监督的规定不完善。第一，《宪法》和《预算法》对人大审批监督预算的规定都过于笼统。对于审批监督的范围、主要内容、实施程序和操作办法，以及与之相适应的机构设置、人员配备等都没有相配套的专项规定，实际审批监督工作难以操作。第二，议事程序不完善。审批预算包括审查程序和表决程序，人大代表对预算草案提出的意见和建议，是否得到采纳，没有明确的规定。

（2）税收立法行政化。公共财政的税收立法权，必须掌握在立法机关的手里，以便公众对政府的征税权能够进行限制。我国目前有关税收方面的法律已有 3 部、暂行条例 30 多部、部门规章和地方规章 90 余部，[①] 但其中只有《税收征收管理法》《个人所得税法》《外商投资企业和外国企业所得税法》等少数单行税收法律经由立法程序制定颁布，大多数单行税法由国务院、财政部制定，由国务院以相对简易的行政立法程序制定并发布实施，未按照法律的立法程序进行，致使公众对政府的征税权失去了控制，人大对财政收入的监督也相应被虚置。自 1994 年税收制度改革以来，我国税收收入实现了持续快速的增长，十二年间，税收收入增加了 6 倍，年平均增长率为 18.25%。税收增量时间也在缩短。1994 年全国税收收入 5126 亿元到 1999 年突破 1 万亿元，总量增长五千亿元用了 5 年的时间；2003 年全国税收收入突破 2 万亿元，总量增长 1 万亿元用了 4 年的时间；2005 年全国税收收入突破 3 万亿元，总量增长 1 万亿元用了 2 年的时间。而同比国内生产总值（GDP），十二年间中国 GDP 总量增长了 3.9 倍，GDP 平均增长率为 8.27%（以可比价格计算）。[②] 2006 年全国税收收入 37636 亿元，占全国国内生产总值的 18.1%。税收增速超 GDP 增长的原因有多种，可能和税收征管质量提高有关，但也可能和税率过高、宏观税赋过重有关。人大在审议预算报告的时候，本来应该对预算收入的规模提出意见，以便合理确定预算收入，但当前由于税收立法行政化，行政部门可以自主调整税率，决定税收优惠、减免等，人大显然没有对税收收入的规模进行专业的测算和监督，而是对行政部门提交的数据听之任之，实际上弱化了对税收收入的监督权。

---

① 贾绍华. 中国税收流失问题研究 [M]. 北京：中国财政经济出版社，2002：305.
② 赵迎春. 税收增长超 GDP 增长的相关因素分析 [J]. 当代经济研究，2006（9）.

（3）政府预算编制不规范。[①] 一是预算内容不全，只包括预算内资金的使用计划，大量预算外资金未能列入预算编制。我国政府存在大量预算外资金收入，预算外资金是国家机关、事业单位和社会团体为履行或代行政府职能，依据国家法律、法规和具有法律效力的规章而收取、提取和安排使用的未纳入国家预算管理的各种财政性资金，包括行政性收费、部分基金和附加收入等。这部分资金数额庞大，但是没有反映到预算中，从而脱离了人大的监督。二是预算编制时间短，编制粗放，各级政府的预算往往没有包括其所属的各部门、各单位的预算。三是预算编制项目不细，报送人大审批的预算草案往往只列举几大类开支，预算报表所列的科目级次太少；所列内容太粗，每个科目规模数额太大，预算内容和预算过程的透明度太低。四是预算对政府的行为缺乏约束力。很多结余资金未纳入部门预算，预算在执行过程中变更太频繁。预算资金在支出后遭到挤占和挪用的现象也时有发生，严重影响了预算的严肃性。

（4）人大缺乏审议预算报告的能力。[②] 一是代表专业能力不足。目前，政府预算上报人大审批时，人大没有足够的时间来审查预算，使得预算审批仓促粗糙。同时，预算编制项目不细，透明度太低。国家现行预算科目包括类、款、项、目四个层次，而政府报送人大审批的预决算草案一般只列到类，外行看不懂，内行说不清，再加上人大代表和常委会委员们本身也并非财政专家，对草案往往无从下手，面对这些只有收支表、没有收支明细表及其详细说明的数字，代表无法对其合理性、可靠性和效益性进行判断。二是缺乏专门的辅助机构。预算的审批是一项政策性、法律性和技术性都很强的工作。各级人大代表在繁忙和短暂的会期中，既要进行政治和经济决策，又要从事各种立法，还要审批预算，很显然心有余而力不足。在没有专门机构辅助的情况下，这种审议容易流于表面。

（5）对财政支出缺乏监督。要实现立法机关对财政支出的监督目标，必须设置相应的立法机关财政监督机构和配备相应的监督人员。根据《利马宣言》的基本精神，财政监督必须具备独立性。因此，财政监督在机构设置、人员配备和经费保障方面都必须具备独立性。第一，机构的独立性。必须赋予财政监督机构为完成其任务所必需的在职能上和组织上的独立性，并在宪法中加以明确。必须保障通过一个最高法院提供充分的法律保护，确

---

① 李金华. 关于2003年度中央预算执行和其他财政收支的审计工作报告 [R]. 第十届全国人民代表大会常务委员会第十次会议公报，2004.6.23.

② 朱孔武. 财政立宪主义研究 [M]. 北京：法律出版社，2006：262.

保不受各种形式的对财政监督机构的独立性和监督权限的侵犯。第二，人员的独立性。立法机关财政监督人员的独立性必须由宪法加以保障，其任用和罢免都必须符合宪法的规定。立法机关财政监督人员职务的升迁不受被监督单位的影响。第三，经费保障的独立性。立法机关财政监督部门必须有法定的预算经费，并且可以直接向国家预算决策机关申请其认为必要的财政资金，对资金的使用也有足够的自由。就我国目前的情况看，人大作为立法机关，虽然对财政预算有一定的审查职责，但人大财政监督人员配备弱，技术力量差，审查工作粗放，对财政支出的监督工作开展不充分。预算在执行过程中调整太大，而人大对调整预算也没有进行监控，提升空间很大。

3.1.4　财政部门和审计部门对财政活动的监督现状

财政部门和审计部门在性质上都属于行政机关，我国审计部门的前身就是财政部门财政监督机构。1981 年，为了进一步加强对经济活动的监督工作，国务院决定成立国家审计机构，并授权财政部负责筹建，将审计机构设置在财政部门。审计机构成立之后，由于考虑到审计机构与原来的财政监督机构职能重复，1982 年政府机构改革中，财政部通告各地撤销财政监督机构，直到 1986 年再度恢复，从而形成了审计部门和财政部门财政监督机构并列的局面。1983 年审计署正式成立之初，几乎接收了财政部门财政监督机构的全部职能。后来，审计机构建设日益完善，规模和影响逐渐扩大，但审计部门和财政部门财政监督机构在本质上都是代表行政机关对政府内部财政活动进行监督，二者职能近似，可以说是共同完成政府内部财政监督工作。

1. 财政部门对财政活动的监督现状

2019 年前，财政部门财政监督机构包括财政部监督检查局、财政部驻各省市财政监察专员办事处、各地方政府财政厅（局）下设的财政监督机构。财政部门财政监督专门机构是目前我国从事财政监督工作的主要力量之一。2000 年财政部根据预算管理体制改革工作的需要，结合新一轮政府机构改革，对财政监督机构及其工作职责又进行了较大幅度的调整，将财政监督司更名为监督检查局，并在监督检查局内部增设了负责内部监督的检查四处。多年来，我国实行分级财政管理体制，一级政府一级财政，与此相适应，财政监督机构分为中央财政监督和地方财政监督两级：中央财政监督机构包括财政部监督检查局和财政部派驻全国各省、自治区、直辖市和计划单列市的财政监察专员办事处（简称专员办），地方财政监督机构是指省、市、县各级财政部门的监督机构和派出机构。

　　财政部监督检查局作为财政部的专职监督机构，主管全国的财政监督检查工作，职责是拟定财政监督检查政策，组织开展全国重大财税会计政策和预算执行情况的监督检查，实施中央财政监督检查，指导地方财政系统的监督检查工作，履行对注册会计师行业的监督检查和行政处罚职责。专员办作为财政部的派出机构，就地履行中央财政监督检查职能。财政部在全国35个省、自治区、直辖市和计划单列市分别设立专员办，专员办的职责主要是监督检查国家财政方针政策、法规贯彻落实情况以及中央预算的执行情况，监缴政府其他收入和检查中央财政专项资金的使用情况，检查核实中央财政与地方财政的结算及其他涉及中央财政的重大事项等。随着财政管理和各项改革的不断深入，在保留专员办原有监督检查职能的同时，增加了预算编制审核、国库集中支付资金审查、中央财政重点支出项目执行监控等内容。在地方财政监督机构方面，全国县级以上财政部门设立了3022个专职监督机构，其主要职责是围绕本级政府部门预算编制、执行情况开展监督检查。①

　　随着我国社会主义市场经济的发展和公共财政框架的建立，部门预算、国库集中支付制度、所得税分享和"收支两条线"管理等各项财政改革的推行，财政部门财政监督的内容、方式和手段也随之发生变化，但主要仍然集中在以下几个方面。一是财政收入监督。政府财政收入主要包括税收收入和非税收入，各级财政监督机构的职责是对税法执行情况和财政政策的贯彻落实情况进行监督检查，履行对税收征管部门的再监督和监缴行政性收费、政府基金的职能。二是财政支出监督。开展财政支出监督，保障财政资金分配使用的科学和有效，保证政府公共支出需要，充分发挥财政资金使用效益。目前主要开展了财政资金拨付使用过程的监督和专项资金的监督检查两项工作。三是会计监督。目前，财政监督机构履行会计监督职责，对制造和提供虚假会计信息的会计主体和责任人、违规执业的会计师事务所和注册会计师进行行政处罚。四是财政内部监督。财政内部监督是财政部门内部管理水平的自我检查和评价，目的是健全制度，堵塞漏洞，实现对财政资金分配和管理的内部监控，保障财政资金安全。

　　2019年以前，从总体上看，财政部门的财政监督工作不够理想，基本处于软弱涣散的状态，没有起到良好的监督效果，其存在的主要问题如下。

---

　　① 李武好，韩精诚，刘红艺. 公共财政框架中的财政监督 [M]. 北京：经济科学出版社，2002.

（1）职能定位不准确。财政检查与财政控制脱节，检查未能站到控制的高度。一些地方的财政部门对财政监督的认识不够深刻，导致对财政监督在整个财政管理工作中的职能定位不准确，未能将财政监督作为加强财政控制、推动财政职能的实现、促进整个经济社会健康发展的重要手段，而只是将财政监督作为一种应付突发性事件的临时工具，单纯进行事后检查，基本没有开展事前和事中监督，导致财政监督本身的重要职能无法体现，其结果则表现为财政监督无法广泛深入地延伸到财政工作的各个领域。同时，职能定位的缺陷还导致财政监督与其他监督形式在工作上的混淆和交叉。有些地方的财政监督部门大多拘泥于单项业务的检查，未能站在整个财政管理和财政改革的高度上看问题。其原因是各级财政部门对财政监督的职能认识不清，定位不准，对财政监督的职能定位局限于一种监督和检查行为，未能赋予财监部门执行财政内部控制的职责和权利。

（2）未能很好地参与对国有资产保值增值的监督工作。我国从事国有资产监管工作的主要是各级国有资产监督管理委员会（国资委），但由于国资委又属于政府机构，因此一般将其称为政府特设法令机构。国资委的这种职能设置使它更像一个管理者，而不是监督者。因此，作为政府来讲，有必要通过其他途径来加强对国有资产的监督。财政部门财政监督机构过去在这个方面参与很少。

（3）对税务征收机关缺乏监督。对税收征收质量进行监督，是财政部门财政监督机构的一项重要职责，但是，各级财政部门财政监督机构对税务部门普遍缺乏监督。一是对税收征收政策缺乏监督和参与。比如，对减免税政策的执行主体税务部门缺乏考核和审计，没有积极参与建立对减免税的规模、使用方向、效益状况的控制和反馈系统建设，导致减免税政策被滥用。二是对税收征收行为缺乏监督。从我国实际情况看，税务部门征税人员违规而导致税收减少的现象不少，一些税务人员以权谋私，造成税收流失，财政部门财政监督机构对税务人员的征收行为没有进行有效监督。

（4）财政监督职责与其运行能力不相匹配。财政监督职责面很广，财政部门财政监督要负责财政收支监督、会计监督和内部检查等多方面的工作，每一方面都是千头万绪，工作任务相当繁重，而财政监督的机构和干部配备却相对较弱，二者不相匹配，无法适应新形势下财政监督工作迅速发展的需要。我国财政部门财政监督机构虽然近年来得到了大力发展，但在整体上仍然较弱，许多地方尤其是县以下财政部门还没有建立专职的财政监督机构，财政监督机构和其他机构合署办公、人员混同使用的现象大量存在，严重影响了财政监督工作的顺利开展。财政监督经费保障机制运转不良，财政监督检查工作所需经费未能得到充分保障，财政监督工作条件较差，与其他财政业务机构相比处于落后状态，也在很大程度上降低了财政监督运行能力，影响了财政监督工作的效果。

（5）各地工作开展不平衡。各地财政部门的财政监督工作水平参差不齐，未能得到统一的规划和发展。有的地方领导重视、干部得力，财政监督工作有声有色；有的地方领导"重分配，轻监管"，财政监督机构不健全、人员松散，财政监督步履维艰；有的地方检查得力、调研深入，效果明显；有的地方目标不清、重点不明，秩序混乱。这些问题既有机构建设和人员配置上的问题，也有工作能力、工作作风和工作方式方法上的问题。

（6）财政部门财政监督工作机制不完善。构建科学合理、系统全面、权责明确、运作规范的良性监督工作机制，是财政部门财政监督的总目标。近年来，财政监督机制虽然得到了较快的发展，但仍然存在不足。目前已经基本建立的机制有三种。一是日常监管机制。虽然目前已经明确提出要建立日常监管机制，但在实际工作中，大多数地方的财政监督还未真正介入事前监管和事中审核，主要精力仍然投入事后监督环节，还未完全按照日常监管机制的要求来运行。二是行政管理机制。虽然各地财政部门都有一定的财政监督力量和相应的管理体制，但各地的机构设置和领导体制参差不齐，未能得到统一和完善。三是经费保障机制。虽然各地财政部门都对财政监督安排有专门经费，但财政监督工作涉及面广，任务重，支出大，工作十分辛苦，相对而言，财政监督工作经费不足、工作条件总体较差，影响了财政监督工作的正常开展。

目前尚未建立但是又急需的工作机制有两个。第一，对财政监督部门的激励机制。当前，财政监督部门工作成绩不是与报酬挂钩，而是与其他财政业务机构一样"吃大锅饭"。第二，对财政内部业务机构的失职责任追究制。近年来，通过财政监督的实践发现，许多违纪违规案件和财政部门内部各业务机构的松于管理、缺乏责任心有很大的关系，由于财政监督部门人力毕竟有限，永远也不可能将检查覆盖到整个财政收支领域的方方面面，要提高财政管理的质量，抓好财政部门内部各业务机构的制度建设是关键，只有建立了对各业务机构的失职责任追究制，才能激发他们的责任心，让他们主动参与到财政监督工作中，促进整个财政部门管理水平的提高，同时也有利于在各业务机构推动党风廉政建设。财政监督机制不完善的原因在于有些地方的财政部门对机制建设不重视，把财政监督工作理解为一种单纯的事后检查，把财政监督部门看成一种机械的检查工具，忽略了财政监督工作的系统性、广泛性和灵活性，未能从管理的角度对财政监督工作进行深入的研究和思考，导致财政监督工作的片面化。

2019 年，新的财政部"三定方案"对财政部的职能配置、内设机构和人员编制均有所调整。内设机构方面，财政部监督检查局更名为监督评价局，职能调整较大。取消或淡化了监督检查局拟订财政监督检查的政策和制度、查处财经违法行为、反映财政收支管理中的重大问题等职能，新增了承担预算绩效评价有关工作的职能。财政部监督评价局的职能包括：拟订财政监督和绩效评价的政策制度，承担财税政策法规执行情况、预算管理有关监督工作，承担监督检查会计信息质量、注册会计师和资产评估行业执业质量有关工作，牵头预算绩效评价工作，负责地方政府债务及隐性债务的检查工作，负责财政部内部控制管理和内部审计工作。各地财政监察专员办事处更名为财政部地方监管局，其职能主要是：调查研究属地经济发展形势和财政运行状况，对属地中央预算单位预决算编制情况进行评估并向财政部提出审核意见，根据财政部授权对地方政府债务实施监控，严控法定限额内债务风险，防控隐性债务风险，发现风险隐患及时提出改进和处理意见并向财政部、地方人民政府反映报告，按规定权限审核审批属地中央行政事业单位国有资产配置、处置等事项，根据财政部授权监管属地中央金融企业执行财务制度等情况，在财政部统一部署下承担有关会计信息质量、注册会计师行业执业质量、资产评估行业执业质量监督检查工作，参与跨境会计监管合作。新一轮机构改革之后，财政部门财政监督机构对财政收支监督的职能进一步弱化，而绩效评价职能的效果亦尚未展现，财政监督的重任主要交由审计部门承担。

2. 审计部门对财政活动的监督现状

审计监督的机构包括中华人民共和国审计署及其派出审计局、审计署驻各地特派员办事处，各省审计厅，各市、县审计局。审计部门从职能上看，执行的都是大范畴内的财政监督职能，主要包括财政审计、国有及国有资本占控股地位或主导地位的企业和金融机构审计、社会保障系统审计等。截至2007 年，审计署已在国务院 41 个部委设有派出机构，负责对其所属的在京企业事业组织的财务收支及其经济效益进行审计；已在 11 个城市设局级派出机构，负责对国务院各部委、经济实体所属的在外地的企业事业组织的财务收支及其经济效益进行审计；对不设派出机构的中央各部门、经济实体所属的在京企业事业组织的财务收支及其经济效益，由审计署进行审计。[①]

审计部门的职责主要是遵循《中华人民共和国审计法》的规定，对国

---

① 曾寿喜，刘国常. 国家审计的改革与发展［M］. 北京：中国时代经济出版社，2007：32－39.

务院各部门和地方各级政府的财政收支，对国家的财政、金融机构和企事业单位的财务收支进行审计监督。其审计内容包括：本级预算执行情况和其他财政收支情况；本级各部门（含直属单位）和下级政府预算的执行情况和决算以及其他财政收支情况；国家事业组织和使用财政资金的其他事业组织的财务收支；中央银行的财务收支；国有及国有资本占控股地位或主导地位的金融机构的资产、负债、损益；国有及国有资本占控股地位或主导地位的企业的资产、负债、损益；政府投资和以政府投资为主的建设项目的预算执行情况和决算；政府部门管理的和其他单位受政府委托管理的社会保障基金、社会捐赠资金以及其他有关基金、资金的财务收支；国际组织和外国政府援助、贷款项目的财务收支；根据国家有关规定，对国家机关和依法属于审计机关审计监督对象的其他单位主要负责人进行任期经济责任审计。

现阶段审计部门审计工作面临的问题主要是执行不力。审计部门的审计对象以行政事业单位、预算执行单位、专项资金使用单位和固定资产投资单位为主。2017年，全国审计机关共审计预算执行单位131064个，财政审计司全年共审计各类项目7.53万个，累计抽查相关单位7.66万个，其中，审计署直接审计项目9252个，抽查单位5420个，反映问题3446个，涉及问题金额4634.83亿元。① 审计部门存在查出的问题多、金额大，但处理比例小的现象。从审计结果的落实情况来看，多数项目落实情况不佳，表明审计监督在处理处罚上的力度仍然不够，具体情况分别如表3-1和表3-2所示。

表3-1　　　　　　　　　　审计检查出的问题

审计处理情况	审计决定处理处罚	应上缴财政	税金（万元）	24393297
			罚没（万元）	101293
		应减少财政补贴或者拨款（万元）	6683146	
		应归还原渠道资金（万元）	28165606	
		应调账处理金额（万元）	118981898	
		应缴纳其他资金（万元）	8505529	

① 数据来源：2018年《中国审计年鉴》。

续表

审计处理情况	移送处理	移送司法机关	案件（件）	540
			涉案人员（人）	665
			涉案金额（万元）	1293165
		移送纪检监察部门	事项（件）	8227
			涉及人员（人）	15866
			涉及金额（万元）	6044378
		有关部门	件数	7124
			涉及人员（人）	6132
			涉及金额（万元）	22837132

资料来源：2018 年《中国审计年鉴》。

表 3 - 2　　　　　　　　　　审计结果落实情况

项目			落实比例		
审计处理结果落实情况	审计决定处理处罚	已上缴财政（万元）	13558823	55%	
		已减少财政补贴或者拨款（万元）	5842794	87%	
		已归还原渠道资金（万元）	12405822	44%	
		已调账处理金额（万元）	35222843	30%	
		已缴纳其他资金（万元）	2604424	31%	
	移送处理	移送司法机关	已立案（件）	147	27%
			已追究刑事责任（人）	164	25%
		移送纪检监察部门	已处理（件）	2211	27%
			已给予党政纪处分（人）	5100	32%
		有关部门	已落实（件）	1451	20%
			已处理人员（人）	4473	73%

资料来源：2018 年《中国审计年鉴》。

3. 财政部门和审计部门的财政监督目标实现情况

财政部门财政监督机构和审计部门共同完成政府内部财政监督工作，但其财政监督目标未能成功达到，财政收支管理混乱和国有资产流失等现象仍然存在。

（1）财政收支管理中存在的不规范情况。

行政事业单位经费收支监督管理中的不规范情况可以用预算内经费和预算外经费的监督管理来分析。

第一，预算批复及变动不规范。不将财政批复的预算及时批复到预算单位，预留待分配预算指标不合理，将预留待分配预算指标转作其他用途，年初支出预算批复比例较低；资金分配向本部门或本系统倾斜；改变预算资金用途，截留、挤占、挪用专项资金；预算的追加和调整不合规、不合理，追加预算的金额和比例过大；超越预算级次拨款和向非预算单位拨款等。①

第二，支出预算执行不规范。一是支出预算执行进度及预算资金的拨付和管理不规范。未按计划、进度、程序拨付，超预算、无计划及年终突击拨款等。二是预算支出不规范。预算支出项目与预算批复规定的用途不相符，挪用事业经费补充行政经费不足；挪用行政费、事业费支付基建工程款；挪用财政资金用于职工福利或用于贷款；挪用财政专项经费弥补其他经费不足或用于其他活动等。三是基建项目不按规定程序立项、报建，超计划、超标准、超规模；建设资金来源不符合规定；必须进行招标的项目未按照《中华人民共和国招标投标法》的有关规定进行招标；工程竣工后未及时办理决算。四是政府采购不规范。② 在部门预算监督的对象中，政府采购是一项较新的内容。加强政府采购财政监督，是适应财政预算支出改革、深化部门预算执行的必然要求，但是当前的政府采购工作还存在不少违纪违规问题。

第三，财务支出不规范。一是经费支出不规范。支出中职工工资、奖金及补贴未缴纳个人所得税，业务招待费开支超标。弄虚作假、虚开发票、虚列支出、少计资产等。二是资金结转、结余、往来不规范。资金结转、往来不真实，虚列支出、隐瞒结余，将无偿资金转为有偿资金发放借款。三是财务管理不规范。会计凭证、账簿、报表不真实、不完整，编造虚假会计信息，少汇漏汇所属单位报表及项目，内部控制和管理制度不健全。四是部门预算执行单位、直属全额拨款事业单位，及相关差额拨款事业单位人均经费开支不规范，财政资金分配不合理。

第四，预算外收入不规范。收入未全部纳入预决算，行政事业性收费未按《行政事业性收费管理条例》的规定设定和征收，违规设定预算外收入项目、范围、标准，收取经营服务性项目的收费，或把已经取消的行政事业性收费转为经营服务性收费。收费单位以各种名义将预算外收入全部花掉，

① 杨勤. 部门预算跟踪审计初探 [J]. 工业与审计, 2006 (4).
② 陈音. 部门预算执行中的政府采购审计 [J]. 中国审计, 2006 (9).

变相乱发奖金或者实物。①

第五，银行账户开设、管理不规范。银行账户设立未经财政部门批准并备案，单位内部机构自行开立账户、违规设立收入过渡户，将本单位的账户出租出借等。

第六，资金管理不规范。行政性收费、罚没收入、国有资产收益未纳入一般预算管理；预算外收入未纳入专户存储，或者极少部分专户存储以应付检查，搞账外账；将预算外收入未纳入单位预算管理而直接上缴或下拨有关单位，违反"收支两条线"规定，坐支、挪用预算外收入。②

第七，预算外收入票据使用、管理不规范。转让、出借、代开预算外收入票据，使用非法票据，不按规定开具票据等。

国家投资建设项目资金中存在的监督管理不规范情况主要包括以下方面。

盲目建设造成投资浪费、损失。在缺乏必要的可行性论证的情况下盲目上马工程项目，形成重复建设；设计、施工、修改同时进行，造成初始投资大量浪费；项目建成后不能投入正常运行，需付出高额运行、维护成本。③

诱饵工程造成投资浪费、损失。地方为争上项目故意压低投资估算申报立项，由于自身配套资金不到位，最后被迫长期停工。

设计不当造成投资浪费、损失。设计单位顺从建设单位，超规模、超标准设计，造成投资大、使用效率低。不执行基建程序，手续不全提前开工，致使投资增加。④

施工合同的不规范、不合理，造成投资浪费。施工承包合同内容不完善或约定不明确，给施工单位留下讨价还价的余地；建设单位被施工单位算计或主观故意与施工单位签订高价承包合同，建设单位负责人从中获取私人利益。⑤

转移支付资金管理不规范。从理论上讲，转移支付应该含有促进公平、提高效用、矫正外部性和政治需要四大目标，每一笔转移支付资金都应该对应一定的目标，而不是随心所欲，变成"人情拨款"。转移支付包括一般性转移支付和专项转移支付。

一般性转移支付由于引入了"因素法"，成为转移支付类型中最规范的

① 安敏．进一步加强预算外资金的监督与检查［J］．内蒙古科技与经济，2005（6）．
② 林耀煌，林财民．预算外资金监督管理工作存在的问题与对策［J］．技术经济，2002（11）．
③ 焦桂云．财政投资项目全过程评审监督的思考及建议［J］．会计之友，2006（9）．
④ 魏成兴．浅议对财政部门如何加强财政性投融资基本建设项目的监督与管理［J］．基建财务管理，2000（6）．
⑤ 韩英．财政性投资项目财务管理和监督工作的探讨［J］．经济视角，2006（9）．

一种，在平衡地区间财力上起到了很大的作用，同时符合转移支付四大目标。一般性转移支付的实现条件要求也不高：一是要找到科学的分配因素及其权重，二是要收集到真实的统计和会计数据。第一个条件比较容易满足，第二个条件还需要一定的时间来予以规范。但总的来讲，这两个条件在技术层面上都是可以达到的。在实际操作中，当前的一般性转移支付还存在人为的不规范现象。一是影响因素的选择不够合理。比如，把财政供养人口作为一个重要指标，地方政府就可能通过增加财政供养人口来获得更多的转移支付，成为"吃饭财政"。二是影响因素的权重确定不科学。比如，测算地市行政公检法部门标准财政供养人口，分别对地市非农业人口、农业人口、市辖县区个数赋予 0.194、0.3627、0.4433 的权重，因素的重要性和相应权重明显不对称。第三，一般性转移支付规模太小。近年来，我国财政一般性转移支付总额一直在上涨，但是，相对于其他类型的转移支付比如税收返还，其规模显得太小。

专项转移支付属于有条件补助，主要服务于上级政府的特定政策目标，下级政府应按上级政府规定的用途使用资金，当前其内容包括上级政府对下级政府实行的工资、社会保障、环保等方面的转移支付。专项转移支付从理论上讲符合转移支付的四大目标，特别是对公平目标中的"平衡需要"这个子目标具有很好的实现功能，因为它的使用灵活，对特殊需要能随机应变。但是，由于当前我国转移支付项目庞杂、范围太广，也产生了许多实际问题。

第一，部分专项资金项目不符合目标。当前，有一些专项资金与转移支付的政策目标毫无关系。比如，对企业的挖潜改造资金，应主要通过金融手段解决。各部门系统内对省以下对口单位职工宿舍和办公楼的专款，中央对省以下事业单位设备购置基建的拨款，省级财政对下级政府机关名目繁多的接待费补助、办公室维修补助、设备购置经费补助等，都属于与政策目标无关的专项支出。

第二，部分专项资金项目的实现条件不充分。在我国专项资金拨款中，有很大一部分属于"配套补助"。配套补助的基本含义是：上级政府规定一个它愿意提供的补助最高额，在这个范围内，每当下级政府在该公共项目上支出一元钱，上级政府就同时补助一元钱。配套补助是专项转移支付的常见形式，其目的是激励地方政府增加对该项公共产品的投入。但是，我国当前实行的"配套补助"专项拨款在制度设置上与该制度所需要的条件存在两方面的不协调。一是由于当前的配套补助一般采用一比一的配套比例来进行，这在地方财力都很充裕的条件下可以实现均等化目标，而实际情况却是，富裕地区往往有能力出较高的配套资金，所以得到的专项补助较多，而贫穷地方能够出的配套资金较少，所以其得到的专项补助反而更少，从而造成均等化目标无法实现。二是从配套补助的含义中可以看到，配套补助的规范形式是由下级政府先支出，上级政府或中央政府来配套，以便激励地方政府进行投入。而实际中却大量采用这样一种次序颠倒的做法：由中央政府或上级政府确定一种公共项目，并先行下拨该项目的专项资金，再在拨款文件中要求地方政府或下级政府按上级补助的金额进行配套。这种做法的实现条件是地方政府有很强的责任感和实际能力去进行专项资金配套，但是，如果地方政府对该项目不感兴趣，或地方财力不足，从而不能提供足够的配套资金的情况下，该公共项目就可能会成为"注水工程"，质量无法得到保证。更有甚者，专项资金层层下拨分配到基层后，由于数额渐少，有的地方接到专项补助后，不但不予以配套，反而将该专项资金挪作他用，使该项转移支付完全失去意义。此外，上级要求下级配套的资金，有时在工作项目上却没有安排相应的工作经费，以便下级政府从中列支一些必要的人工、交通、会议等经费，从而不利于开展对该项工作的组织和宣传。因此，我国当前的"配套补助"主要存在两个问题：一是制度装置本身的设置在逻辑次序上错误，二是该制度装置没有考虑到落后地区政府财力不足的实际情况。

第三，部分专项资金项目操作不规范。首先，专项补助存在主观臆断。专项补助既然是上级对下级的项目补助，就必然面临项目的确定问题，哪些地方需要何种项目的补助、补助量是多大，目前还没有一套科学完整的评价体系，基本靠人为判断必然带有过多的主观性，不利于项目的科学确定，也增加了权力寻租的可能。其次，专项资金项目过于庞杂，分类不明晰，造成管理混乱。当前，专项资金中有许多项目实际具有一般的财力补助性质，还有些零碎琐屑的资金，其对应目标各不相同，但都混合编入一个大类专项，造成内容庞杂，不利于分类管理。

第四，专项资金缺乏完整统一的管理。由于财政专项资金管理涵盖面广，涉及的政府部门多。因此，每项资金都相应制定有一套管理办法，有的由一个部门制定，有的由几个部门联合制发。这些"管理办法"大同小异，显得十分烦琐，造成下级部门在执行文件过程中容易产生混乱，对财政部门专项资金的管理产生政策上的模糊和错觉。同时，由于专项资金没有一套完整、统一的监督管理制度，在执行现在的分散型管理制度的时候，容易出现"管理不对称"。即上级部门对专项资金的管理比较严格规范，但越往下级和资金直接使用单位走，管理越松懈。尤其是县乡两级财政部门，依法行政意识薄弱，随意性大，在执行文件过程中易于走样，经常出现随意扩大专项资金使用范围，以及挪用专项资金弥补办公经费不足或发放工资等现象。

（2）国有资产管理不规范。国有资产分为经营性国有资产和非经营性国有资产两大类。目前，经营性国有资产由各级国有资产监督管理委员会管理，非经营性国有资产由财政部门管理。

经营性国有资产管理方面存在的不规范情况主要包括三部分：第一，国家作为出资者在企业依法拥有的资本及其权益；第二，行政事业单位占有、使用的非经营性资产转为的经营性资产；第三，国有资源性资产投入生产经营过程的部分。[①] 经营性国有资产具有周转性、增值性和多样性等特点。在我国从公有制计划经济向社会主义市场经济转型的过程中，经营性国有资产的监督管理问题一直是个重点和难点。

非经营性国有资产管理方面存在的不规范情况主要包括三方面。

一是将非经营性国有资产进行运营。非经营性国有资产管理的现状是国家投资建设、部门占有回报，房屋、土地、招待所、培训中心等大量国有资产被单位无偿占用，所衍生的处置权、经营权被用作各行政性单位创收的依据。一些行政事业单位为了创收，以各种各样的名义进行商业活动，将非经营性国有资产用于商业运作，进行门面出租、出借，利用闲置或多余资产对外投资经营等，并且不申报、不登记，所得利润往往用于职工福利和违规私设小金库等，实际上变更了非经营性国有资产的用途。

二是非经营性国有资产浪费严重。购建非经营性国有资产的资金主要是通过财政拨款、上级部门调配补助和相关收费来筹措，具有无偿性，结果使得各单位都尽量争取多进行资产购置，随意性和盲目性很大。基础设施和办公用品用贪大求豪，不考虑使用效果和维护成本，产生非国有资产过剩、闲置以及超标、超容等浪费现象。

三是非经营性国有资产管理混乱。干部职工对非经营性国有资产管理工作的重要性认识不足，管理粗放。一些单位未建立规范的固定资产明细账，财政资金支出与固定资产账不对应，对固定资产更新、维修所形成的资产，从其他渠道购入的资产以及调入、捐赠等形成的资产等不及时入账，甚至不入账。对于已经报废和已作处置的资产也不及时地进行调账，造成账外资产数量巨大，账账不符、账实不符问题普遍。同时，不爱惜非经营性国有资产，不及时进行保养、检修、维修，或者过度使用，使得许多资产老化和破坏严重，无法继续使用。在处置非经营性国有资产时，不经管理部门的审

① 郭复初. 国有资产管理、监督、营运体系研究［M］. 上海：立信会计出版社，2002：32.

批，擅自作价处置，造成国有资产流失。将国有资产为企业担保和抵押，或者随意划转、变卖、赠送非经营性国有资产。

3.1.5　税务部门对纳税人的纳税行为的监督现状

当前，税务部门成立了专门的稽查机构，对纳税人的纳税行为进行财政监督，但总体来看，税务稽查效率不高。其表现是：第一，税务稽查缺乏科学严密的选案方法和稽查的程序与操作规程，从而造成了税务稽查的盲目性大，成本过高；第二，对重点税源监督不力。目前我国一些税务机关对税源的监督检查，沿用传统的习惯性思维，将重点锁定在传统国有大型企业，而忽略了对一些新兴产业、私营企业、流动和隐蔽业的稽查。第三，处罚不力。税务部门对税务行政违法处罚不力，是税收流失的重要原因。当前各级税务稽查机构对纳税人违反税法的处罚普遍存在畏难情绪，往往只是补缴税款，而没有按照税收征管法的要求进行罚款和加收滞纳金，执法不严。

监督不力导致了我国税收流失问题。所谓税收流失，是指各类税收行为主体，以违反现行税法或违背现行税法的立法精神的手段，导致实际征收入库的税收收入少于按照税法规定的标准计算的应征税收额的各种行为和现象。近年来我国"地下经济"产生的税收流失严重，使得税源失控成为我国当前税制运行与税收管理中存在的主要问题。如 2005 年，在全国范围内对房地产行业的重点税收稽查中，国家税务总局共检查纳税人 27738 户，其中问题户 13835 户，问题率达到 49.88%，仅查补税款就超过 37 亿元，查补和罚款总共超过 40 亿元，税款流失数额巨大，税源失控状况严重。[①] 据专家估计，1997～2006 年，我国每年流失的税收规模占 GDP 的比重为 10% 左右，占当年实际入库税收总额的 70%～80%。[②]

税收流失的途径主要有四个。第一，偷、逃、骗、避、抗税。偷逃税是税收流失的最主要方式，骗税现象近年来逐渐抬头，避税更是形形色色，抗税行为时有发生。商业企业一般纳税人时有利用预收账款、分期收款发出商品等科目隐瞒收入、私设金库进行账外经营、将购进货物用于集体福利、个人消费和增值税非应税项目、发生非正常损失不作进项税转出等手段偷逃税款；工业企业假借直销、联营、专卖、代理等经营方式转移利润，逃避税收。第二，欠税。近年来，企业拖欠国家税款现象日趋严重，每年年末欠税金额均在 500 亿元以上。第三，漏税。一是大量隐性收入与地下经济，漏掉

---

① 林民. 我国税收流失现状分析及对策 [J]. 中国纳税人，2007 (7).
② 伍云峰. 我国税收流失规模测算 [J]. 当代财经，2008 (5).

了税收；二是个体工商户税务登记证办证率较低，漏征漏管严重。第四，以费挤税。有的地方和部门为了局部利益截留国家税收，对企业搞"包税"或变相"包税"，再通过其他途径转化为制度外收入，并人为使收费刚性大于收税刚性，以费挤税，导致财政分配中非税收入大于税收收入。过多过滥的收费，加重了企业、个人负担，使税源减少，使纳税人的纳税积极性受到打击，造成税收大量流失。①

税收流失影响了我国的财政收入，弱化了税收宏观调控功能和资源的有效配置，加剧了收入分配的不公，说明政府财税部门对纳税人的财政监督目标实现情况不佳。

3.2 我国当前财政监督模式的委托－代理现状

委托人和代理人之间的博弈关系是现代经济学研究的重要内容，经济社会活动中，存在大量的一方委托另一方完成特定工作的情况，委托－代理关系的特征是委托方的利益与被委托方的行为有密切关系，但委托方不能直接控制被委托方的行为，只能通过监督其工作过程或评估其工作结果，并据此调整支付给代理人报酬等方式来间接影响被委托方的行为。② 在现代政府的委托－代理关系中，财政监督的主体应该是委托人，客体是代理人。公共财政下标准财政监督模式的委托人是社会公众，其代言机构是人民代表大会，代理人是政府及其组成部门。人民代表大会具有双重身份，它既是委托人的代言组织，又是代理人，但它代理的不是具体财政活动，而是公众的意见。因此，人民代表大会在某种意义上可以视为委托人的化身。在这里，为了研究的方便，我们将公众称为委托人，立法机关称为民意代理人，行政机关称为行政代理人，司法机关称为司法代理人。在下文的博弈分析框架中，我们将民意代理人视同为委托人。在行政型财政监督模式下，人民代表大会的缺位，使得行政机关代替了人民代表大会的角色，委托－代理关系演变成上级行政代理人－下级行政代理人关系，上级行政代理人是上级行政机关，下级行政代理人是下级行政机关。财政监督中主体与客体的博弈，演变成行政序列中的上级与下级的博弈。

---

① 赵闻. 我国税收流失问题及对策 ［J］. 黑河学刊，2007（5）.
② 谢识予. 经济博弈论 ［M］. 上海：复旦大学出版社，2003：150.

3.2.1   理论委托人和行政代理人的收益

图3-3为行政型财政监督中理论委托人-行政代理人博弈模型。

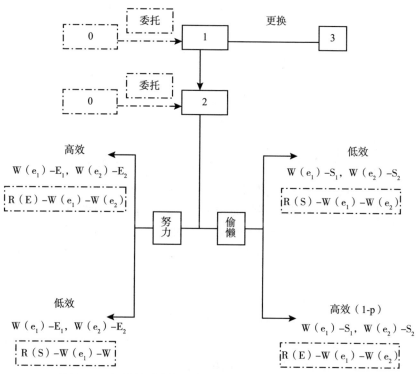

图3-3   行政型财政监督中理论委托人-行政代理人博弈

图3-4所示的博弈模型中，博弈方0代表理论上的委托人，即社会公众或者其代言机构，由于社会公众虽然是法定的委托人，但实际没有发挥委托人作用，所以叫它理论委托人，用虚线框表示；博弈方1代表上级行政代理人，同时又是实际的委托人，它代替社会公众行使委托人的权力；博弈方2代表下级行政代理人；博弈方3代表潜在的下级行政代理人竞争对手，即行政代理人1在对行政代理人2失望的情况下，可以选择将其更换为行政代理人3。

公共财政的职能必须通过行政代理人的工作来实现，行政代理人的工作产出体现在实现公共财政职能的效果上，财政监督的对象相应地就是行政代理人实现公共财政职能的过程和结果。下级行政代理人2接受委托后，可以有两种选择：一是努力工作，二是偷懒。同时，由于存在不可测的因素，行政代理人的努力并不能完全确保产生最佳的绩效，只能用一个不确定的概率 P 来衡量其绩效水平。$R(E)$ 表示行政代理人努力工作时理论委托人得到的较高产出，$R(S)$ 表示行政代理人偷懒时理论委托人得到的较低产出。因为在行政型财政监督模式中，理论上的委托人一直是隐身的，它实际上没有参加博弈，博弈主要在上下级行政代理人之间展开，所以用虚线框中的字母来表示理论委托人的收益。虚线框上面表示行政代理人的得益，其中，左边为上级行政代理人收益，右边为下级行政代理人收益。在努力工作的情况下，行政代理人取得高效的概率是 P，而低效的概率是 $(1-P)$，理论委托人要支付较高的报酬 $W(e)$ 给行政代理人，同时，虽然行政代理人得到了较高的报酬 $W(e)$，但他付出得较多，有较高的负效用 $-E$。因此，此时理论委托人和行政代理人的收益分别是：$P[R(E) - W(e)] + (1-P)[R(S) - W(e)]$，$W(e) - E$。其中，$W(e) = W(e_1) + W(e_2)$，上级行政代理人的得益为 $W(e_1) - E_1$，下级行政代理人的得益为 $W(e_2) - E_2$。假如行政代理人选择偷懒，行政机关取得高效的概率是 $(1-p)$，低效的概率是 p，那么相应地，委托人得到较高产出 $R(E)$ 的概率为 $(1-p)$，得到较低产出 $R(S)$ 的概率为 p。在这种情况下，理论委托人本来可以支付较低报酬 $W(S)$ 给行政代理人，但是，由于理论委托人并没有对行政代理人进行监督管理，也没有调整行政代理人报酬的权力，因此，行政代理人得到的报酬实际不受理论委托人的约束，而只受到上级行政代理人的影响，得到的报酬仍然是 $W(e)$。同时，在偷懒的情况下，行政代理人付出得较少，有较低的负效用 $-S$。此时，理论委托人和行政代理人的收益分别是 $p[R(S) - W(e)] + (1-p)[R(E) - W(e)]$ 和 $W(e) - S$。其中，$W(e) = W(e_1) + W(e_2)$，上级行政代理人的得益为 $W(e_1) - S_1$，下级行政代理人的得益为 $W(e_2) - S_2$。

根据理性博弈方的决策原则，行政代理人选择努力工作的激励相容约束是：$W(e) - E > W(e) - S$，也就是说，只有努力工作带来的纯收益大于偷懒时候的纯收益，行政代理人才会选择努力工作。从前述不等式中消去 $W(e)$ 后，得到的约束条件是：$S - E > 0$。S 是行政代理人选择偷懒时得到的较低的负效用，E 是行政代理人选择努力工作时得到的较高的负效用，很明显，$S - E > 0$ 这个不等式无法成立。如果行政代理人有违规和腐败行为，S 的值还将进一步下降，而 E 的值上升，不等式成立的可能性更小。这表明，在行政型财政监督模式下，行政机关选择偷懒或者违规是难免的。

3.2.2　上级行政代理人和下级行政代理人的收益

在我国目前的体制下，虽然理论委托方在博弈中缺位，但实践中对行政机关官员也并非没有激励约束机制，只是激励约束的主体不是委托人，而是上级行政代理人。上级行政代理人对下级行政代理人进行政绩考核，根据其政绩决定下级行政代理人的任免和职务升降，并对违规行为进行处理处罚，以此来推动行政机关工作。我国当前采用的委托－行政代理人模型有三个特点：一是由上级行政代理人充当委托人，二是监督模式兼有过程型监督与结果型监督的双重特点，三是约束机制中增加了上下级私人关系的因素。

作为考核者的上级行政代理人本身不是委托人，但却充当委托人的角色对下级进行考核，这使它自身没有足够的动力对下级进行客观的考核，相反，它更倾向于从自己的私人利益出发来考虑问题。假如下级行政代理人选择努力工作，下级行政机关取得高效的概率是 P，低效的概率是 $(1-P)$，那么相应地，理论委托人得到较高产出 $R(E)$ 的概率为 P，得到较低产出 $R(S)$ 的概率为 $(1-P)$。同时，由于下级行政代理人的工作包含在上级行政代理人的职责范围内，各个下级行政代理人的产出之和就是上级行政代理人的产出，上级行政代理人作为管理者，有责任对下级行政代理人的工作努力程度负责。因此，在理论委托人看来，下级行政代理人的平均努力程度等于上级行政代理人的努力程度。在下级行政代理人选择努力的情况下，上级行政代理人理论上应代表社会公众支付较高的报酬给下级行政代理人，比如给下级行政代理人加薪或者对其提拔重用等，我们用 $W(e_2)$ 来表示这个效用。下级行政代理人在得到较高报酬的同时，产生较高的负效用 $-E_2$。在上级那里可能得到的评价中含有产出和非产出两种因素，评价的高低即决定了职务的升降。假设这个评价函数为 $W(e)=W(X,Y,E)$，$W(e)$ 代表上级对自己的评价，X 代表自己辖区或者职能范畴内的产出，Y 代表自己与上级和同僚之间的私人关系等非工作因素，E 代表自己在工作上的主观努力。X和 E 的关系可以用通俗的语言描述为"功劳和苦劳的关系"，X 代表工作的实际结果，是"功劳"，而 E 代表努力工作的过程，是"苦劳"。而功劳和苦劳都需要经过上级主观评价后，才能够转化为考核中的贡献量。而主观评价又涉及上下级之间的私人关系问题，所以 Y 在评价函数中居于核心的地位。假设下级行政代理人和上级行政代理人的关系要素为 Y_2，则 $W(e_2)=W\{[PR(E)+(1-P)R(S)],Y_2,E_2\}$，下级行政代理人的得益可以表示为：$W\{[PR(E)+(1-P)R(S)],Y_2,E_2\}-E_2$。同时，由于上级行政代理人并非委托人，他自己的收益也不取决于产出的绝对值，而是取决于在更上一级那里可能得到的评价，假设上级行政代理人和他的更上一级行政代理人之间的关系要素为 Y_1，上级行政代理人的得益为 $W(e_1) = W\{[PR(E) + (1-P)R(S)]$，$Y_1$，$E_1\} - E_1$。则上级行政代理人和下级行政代理人的收益将分别是 $W\{[PR(E) + (1-P)R(S)]$，Y_1，$E_1\} - E_1$ 和 $W\{[PR(E) + (1-P)R(S)]$，Y_2，$E_2\} - E_2$。同理，假如下级行政代理人选择偷懒，行政机关取得高效的概率是 $(1-p)$，而低效的概率是 p，那么相应地，理论委托人得到较高产出 $R(E)$ 的概率为 $(1-p)$，得到较低产出 $R(S)$ 的概率为 p。同时，下级行政代理人付出较少，有较低的负效用 $-S_2$。此时，上级行政代理人和下级行政代理人的得益将分别是 $W\{[pR(S) + (1-p)R(E)]$，Y_1，$S_1\} - S_1$ 和 $W\{[pR(S) + (1-p)R(E)]$，Y_2，$S_2\} - S_2$。

3.2.3　上级行政代理人和下级行政代理人之间的博弈

1. 无违规因素下的博弈

根据理性博弈方的决策原则，在没有违规因素的情况下，行政代理人没有财政违规得益，下级行政代理人选择努力工作的条件必须是：$W\{[PR(E) + (1-P)R(S)]$，Y_2，$E_2\} - E_2 > W\{[pR(S) + (1-p)R(E)]$，$Y_2$，$S_2\} - S_2$。移项整理后为：$W\{[PR(E) + (1-P)R(S)]$，$Y_2$，$E_2\} - W\{[pR(S) + (1-p)R(E)]$，$Y_2$，$S_2\} > E_2 - S_2$，由于 $E_2 - S_2 > 0$，这表明：下级行政代理人选择努力工作，必要条件是其努力工作得到的升迁机会大于偷懒情况下得到的升迁机会，并且这两种机会带来的效用之差，要大于其努力工作与偷懒时产生的负效用之差。那么，这就涉及评价函数 $W(e) = W(X，Y，E)$ 中 X、Y 和 E 之间的权重问题，不同的上级对不同的要素有不同重视程度，有的重视实际产出，有的重视人际关系，有的重视工作过程，下级行政代理人得到的最终评价是这几种因素的加权平均值。

假设 X 的权重为 a，Y 的权重为 b，E 的权重为 c，则 $W(e) = W(aX，bY，cE)$，其中 $a + b + c = 1$。代入前面的不等式，得到下级行政代理人选择努力工作的约束条件是：$W\{a[PR(E) + (1-P)R(S)]$，bY_2，$cE_2\} - W\{a[pR(S) + (1-p)R(E)]$，$bY_2$，$cS_2\} > E_2 - S_2$。由于人的时间和精力是有限的，努力工作必然会减少处理关系的精力和时间，在 Y 的权重 b 大于 X 的权重 a 和 E 的权重 c 的情况下，在行政代理人原来的基础上，如果选择更加努力工作，相当于增加 E 的值，同时等量减少 Y_2 的值，由于 Y_2 的权重 b 大于 a 与 c，这种调整必然会使得 $W\{a[PR(E) + (1-P)R(S)]$，bY_2，$cE_2\} - W\{a[pR(S) + (1-p)R(E)]$，$bY_2$，$cS_2\}$ 的值减小，而同时

$E_2 - S_2$ 的值增加，这样，上述不等式成立的困难程度将加大。这样，下级行政代理人宁愿在工作上偷懒，即减少 E_2 的值，而把精力用于关系要素 Y_2 上，使得总产出减少。只有当 a 和 c 的值远大于 b 的权重，并且大到其收益足以抵消相应的负效用增加值 $E_2 - S_2$ 时，下级行政代理人才会选择努力工作。

那么，上级行政代理人在博弈中如何决策呢？上级行政代理人不是根据产出的结果或者行政代理人的工作情况来决定是否继续委托下级行政代理人，而是根据自身利益来决策。上级行政代理人对本身有一个期望收益，这个期望收益是他希望下级行政代理人贡献给自己的最低收益 B。如果下级行政代理人努力工作，上级行政代理人对下级行政代理人继续委托的约束条件是：$W\{a_1[PR(E) + (1-P)R(S)], b_1Y_1, c_1E_1\} - E_1 > B$，其中，$Y_1$ 代表上级行政代理人和更上一级行政代理人的关系，a_1、b_1 和 c_1 代表更上一级行政代理人的评价倾向。在下级行政代理人选择偷懒时，上级行政代理人继续委托下级行政代理人的约束条件是：$W\{a_1[pR(S) + (1-p)R(E)], b_1Y_1, c_1S_1\} - S_1 > B$。其含义是，无论下级行政代理人努力工作还是偷懒，只要他给上级行政代理人带来的实际收益大于上级行政代理人要求的最低收益，上级行政代理人就会继续委托下级行政代理人开展工作。这仍然涉及两个问题。第一，a_1、b_1 和 c_1 的比值问题。如果 $a_1 > b_1$，或者 $c_1 > b_1$，下级行政代理人的产出或者努力情况对上级行政代理人的利益关系很大，这种情况下，上级行政代理人更愿意选择努力工作的下级作为行政代理人，对下级行政代理人工作也会严加考核；如果 $a_1 < b_1$，或者 $c_1 < b_1$，下级行政代理人的产出对上级行政代理人的利益关系很小，那么上级行政代理人将对下级行政代理人的工作情况不加重视，而将注意力转向自己与更上一级的关系；极端情况是，如果 $a_1 = c_1 = 0$，那么上级行政代理人对下级行政代理人的实际产出将会完全忽视，而单纯关注自己与更上一级的人际关系。第二，B 的值。如果上级行政代理人对政治前途充满信心，希望取得很好的成绩，那他给自己设定的最低收益值 B 将会很大，B 值越大，上级行政代理人越有动力去督促下级开展工作，越有利于产出的增加。相反，如果上级行政代理人对政治前途已经失去信心，变成得过且过，那他给自己设定的 B 的值会很小，甚至等于零，这样，他将不会用心去督促下级开展工作，导致下级走向偷懒，减少实际产出。

2. 有违规因素下的博弈

在行政代理人有财政违规问题的情况下，行政代理人的收益将加入违规得益。假设上级行政代理人在心中期望下级行政代理人给自己的违规得益量最低不能少于 D，而下级行政代理人在工作期间给上级行政代理人的实际违规得益量为 C，则上级行政代理人继续委托下级行政代理人的约束条件将发生改变。在下级行政代理人努力工作并向上级行政代理人支付违规金 C_1 的情况下，约束条件为：$W\{a_1[PR(E)+(1-P)R(S)],b_1Y_1,c_1E_1\}-E_1+C_1>B+D$，移项整理后为：$W\{a_1[PR(E)+(1-P)R(S)],b_1Y_1,c_1E_1\}+C_1>B+D+E_1$；在下级行政代理人选择偷懒并向上级支付违规金 C_2 的情况下，约束条件是：$W\{a_1[pR(S)+(1-p)R(E)],b_1Y_1,c_1S_1\}-S_1+C_2>B+D$，移项整理后为：$W\{a_1[pR(S)+(1-p)R(E)],b_1Y_1,c_1S_1\}+C_2>B+D+S_1$。不等式的含义是：只要下级行政代理人的工作贡献和支付违规金之和，大于上级行政代理人要求的最低贡献和最低违规金之和加上上级行政代理人在工作上付出的劳动量，就可以获得上级行政代理人的信任。在这种情况下，工作贡献和违规金可以相互替代。特殊情况是，如果上级行政代理人并没有职务升迁的追求，即 $B=0$；同时，他也不再考虑自己在更上一级行政代理人那里的评价，即 $W\{a_1[PR(E)+(1-P)R(S)],b_1Y_1,c_1E_1\}=0$，$W\{a_1[pR(S)+(1-p)R(E)],b_1Y_1,c_1S_1\}=0$；相应地，他也不再为工作做出任何努力，即 $E_1=S_1=0$。此时，约束条件将变成 $C>D$，即下级行政代理人是否努力工作，已经不在上级行政代理人的考虑之列，而向上级行政代理人支付违规金，则成为获得信任的唯一途径。

3.2.4 最高行政代理人与下级行政代理人之间的博弈

前文分析是从下往上的。由于下级行政代理人的职权实际来自上级行政代理人的授权，而不是来自理论委托人，因此，最上级行政代理人成为理论委托人与整个行政代理人集团联系的纽带，即理论委托人授权中央行政机关代理国家事务，中央行政机关再逐级将权力下放，委托下级行政代理人开展工作。在约束条件 $W\{a_1[PR(E)+(1-P)R(S)],b_1Y_1,c_1E_1\}+C_1>B+D+E_1$ 和 $W\{a_1[pR(S)+(1-p)R(E)],b_1Y_1,c_1S_1\}+C_2>B+D+S_1$ 中，对各级下级行政代理人而言，B 的值都包含有职务升迁的得益，但对于最高行政代理人而言，职务已经达到最高点，这个得益将不再包含职务升迁的要素，而转变为政治声誉 B'，约束条件变为：$W\{a_1[PR(E)+(1-P)R(S)],b_1Y_1,c_1E_1\}+C_1>B'+D+E_1$ 和 $W\{a_1[pR(S)+(1-p)R(E)],b_1Y_1,c_1S_1\}+C_2>B'+D+S_1$。如果最高行政代理人存在财政违规问题，将增加 D 的值，下级行政代理人为了获得继续委托，必然要支付违规金，从而增加了 C 的值，下级行政代理人支出增加以后，其小金库的存量资金将减少，必然通过自身的财政违规行为来弥补，以此类推，将会影响整个行政代理人集团的财政违规情况。如果最高行政代理人有很远大的政治抱负，希望稳固国家政权并建立良好的政治声誉，并且遵纪守法，B′的值会很大，而 C=0，D=0，约束条件将发生转变：如果下级行政代理人努力工作，最高行政代理人对下级行政代理人继续委托的约束条件是：$W\{a_1[PR(E)+(1-P)R(S)], b_1Y_1, c_1E_1\}>B′+E_1$。在下级行政代理人选择偷懒时，最高行政代理人继续委托下级行政代理人的约束条件是：$W\{a_1[pR(S)+(1-p)R(E)], b_1Y_1, c_1S_1\}>B′+S_1$。对最高行政代理人而言，$a_1$ 不再是上级行政代理人对产出的评价系数，而是社会公众对于产出的评价系数，b_1 也不再是上级行政代理人对关系的评价系数，而是下级行政代理人对最高行政代理人在政治上予以支持的重要性系数，c_1 是社会公众对行政代理人努力程度的评价系数。因此，a_1 和 c_1 实际代表社会公众对最高行政代理人在民意上的支持系数，而 b_1 代表下级行政代理人对最高行政代理人在政治上的支持系数。也就是说，最高行政代理人必须同时考虑来自两个方面的评价，一是社会公众，二是下级行政代理人，这两个评价主体的综合评价值决定了最高行政代理人的得益。

约束条件指出的含义有两点。第一，B′的值至关重要。它说明的是最高行政代理人的政治抱负是否远大、是否遵守财政法规和财经纪律，将影响整个行政代理人集团的工作态度和财政违规状况。第二，三种支持系数的比重对整个行政代理人集团的工作效率有重大影响。由于最高行政代理人的实际得益是稳固政权和建立良好的政治声誉，虽然建立政治声誉需要较高的产出作为支撑，但稳固政权也可能和上下级关系有关，最高行政代理人虽然有授权主体的优势，但也并不是完全高枕无忧，它不但需要得到理论委托人在民意上的支持，有时更需要下级行政代理人在内部的支持。因此，B′的值是否会转化成增加产出的动力，还和 a_1、b_1 和 c_1 的比值有关。如果 $a_1>b_1$ 或 $c_1>b_1$，产出或者努力情况对最高行政代理人的利益关系很大，这种情况下，最高行政代理人更愿意选择努力工作的下级作为行政代理人，下级行政代理人会选择努力工作以加大产出。而下级行政代理人的产出又必须来自更下一级行政代理人的产出，为了完成自己的产出任务，他必然要求更下一级行政代理人也加大产出，如此层层递推，将使得整个行政代理人集团都重视产出。相反，如果 $a_1<b_1$ 或 $c_1<b_1$，下级行政代理人的产出对最高行政代理人的利益关系很小，那么最高行政代理人将忽视下级行政代理人的工作情况，而更注重和下级行政代理人之间关系的协调。下级行政代理人也必然将主要精力用在处理与最高行政代理人的关系上，自己既然没有产出的压力，就不会再要求更下一级行政代理人加大产出，从而使得整个行政代理人集团的工作效率下降。同时，下级行政代理人也需要更下一级行政代理人的支

持，整个上下级关系链条中的 b_i 值基本接近，这使得最高行政代理人的内部支持系数很大程度上决定了整个行政代理人集团内部支持系数的平均值。

3.2.5 行政型财政监督模式的博弈结果

以上分析表明，在行政型财政监督模式中，每一级行政代理人实际都受到来自三方面的压力：上级行政代理人的评价、下级行政代理人的评价和理论委托人的评价，见图 3 - 4。

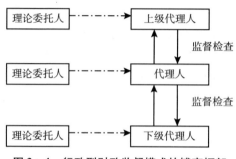

图 3 - 4 行政型财政监督模式的博弈框架

在这三种评价力量中，行政代理人上下级之间的相互评价具有实际的约束力，因为它可以影响各级行政代理人的切身利益。而理论委托人出于没有建立对行政代理人的财政监督机制，所以理论委托人的评价实际没有约束力。这种约束力的缺失体现在两个方面：第一，对于工作完成情况不好的行政代理人，它没有力量予以惩罚；第二，对于工作完成情况好的行政代理人，它也没有力量给予奖励。因此，理论委托人对行政代理人的影响大小即 a 和 c 的值完全取决于行政代理人对民意的重视程度，而这种重视程度是因人而异的，不具有普遍性和可比性，充分体现出行政型财政监督模式"四边形结构"导致的不稳定性。理论委托人的得益主要体现在财政产出上，但是，在这种博弈框架下，博弈的结果很可能是行政代理人不会重视产出，而是更加重视行政代理人集团内部上下级之间关系的处理，即 b 的值变得相当大。表现为财政监督机构实际是向上级行政代理人负责，它代表上级行政代理人对下级行政代理人的工作情况进行监督检查，而不是对理论委托人负责，它实际上只属于一种行政代理人集团的内部控制机构。

3.3　我国当前财政监督模式存在的不足

3.3.1　不利于社会公众和人大对政府财政行为进行财政监督

立法机关是公众的代议机构，虽然它不完全等于公众，但它是最接近于公众的代言人。我国人大无论在税收立法权，还是在预算审查与监督权方面，作用都相对较弱。立法机关对其他国家机关的监督是代表委托人对代理人进行的财政监督，要实现立法机关财政监督的目标，必须设置相应的立法机关财政监督机构和配备相应的监督人员，而我国人大财政监督机构技术力量较弱，无法完全胜任对政府财政活动的监督。

3.3.2　不利于政府系统内部财政监督

政府内部财政监督的核心目标是限制政府财政行为与宪法、法律和政府自己制定的政策法规之间偏差的积累，以便于政府按委托人的要求完成财政管理任务。政府系统内部财政监督主要由行政机关开展，政府内部财政监督目标的实现依赖于行政机关财政监督机构。当前，我国政府内部财政监督机构设置比较齐全，包括中华人民共和国审计署及其派出机构，各地方审计厅（局），财政部监督评价局及其派出机构，各地方财政厅（局）内设的监督评价部门等。从理论上讲，政府内部财政监督机构专门为政府内部管理服务，内部财政监督应该有效开展，但是，由于财政监督机构本身隶属于行政系统，财政监督工作的开展完全取决于本级行政代理人对财政监督的重视程度。前文的博弈分析指出，在当前财政监督模式下，行政代理人对财政监督的重视程度取决于两方面的因素：一是各级行政代理人对民意的重视程度，二是上级行政代理人对产出和财政监督的重视程度。而这两方面的因素都是因人而异的，使得政府系统内部财政监督相应具有不稳定性。财政监督机构在内部监督中查出政府财政行为的差错后，必须立即指出并要求纠正，甚至予以处罚。但是，这些差错的责任人主要是行政机关，由于财政监督机构本身隶属于行政系统，财政监督机构的行为必须服从行政首长的指示，如果行政首长不重视财政监督，财政监督机构就无法严格按照法律法规的要求来对违规者进行处理处罚，导致内部财政监督目标难以实现。而实际中，要使各级行政首长都重视财政监督是很难的。比如，按《审计法》的规定，审计的对象包括国务院各部门和地方各级政府及其各部门的财政收支、国有的金融机关和企业事业组织财务收支，而这些部门都由相应的政府行政领导分管，如果查出问题，虽然分管领导并不承担直接的管理责任，但出于维护管辖区域工作稳定性和各种人情关系的需要，被审计部门的分管领导可能会介入对问题的处理，导致行政管理者内部成员之间的矛盾。分管领导为了协调内部关系，可能会消极对待审计工作。财政部门财政监督的情况更加严峻，由于财政部门财政监督的主体就是具体财政工作的管理者，在官员的私人利益与社会公众的集体利益不一致的情况下，财政部门财政监督可能会受到来自财政管理者的制约，因为财政监督会增加财政管理者的工作责任、工作量和工作难度，使其劳动付出增加。财政监督的对象是所有财政行为，而财政行为的直接责任人是财政部门的管理者，一旦财政监督暴露出太多的管理问题，管理者自身将面临三种压力。一是承担管理不善的领导责任。就财政管理行为而言，无论是哪个环节的财政工作被监督部门查出了问题，财政部门主要领导和分管领导都面临一定的责任，即使不被追究，也会有名誉上的损失。二是纠正这些管理弊病要付出的艰苦努力。有些财政管理问题积弊深久，纠正起来困难重重，一旦要加以纠正，必然会产生很大的工作量，牵涉各方面的利益调整，阻力也相当大。三是因财政监督而导致的管理成员相互之间的内部矛盾。由于具体的财政管理工作都有相应的领导进行分管，财政监督反映的问题，必然需要协调各分管领导之间的关系。在缺乏来自委托人的外部监督压力和上级行政代理人的督促压力情况下，出于对工作责任、劳动付出和工作矛盾的本能回避，财政管理者可能更倾向于消极对待财政监督。

第**4**章
国外财政监督制度概览

4.1　国外财政监督制度介绍

目前，世界上有 160 多个国家建立了财政监督机关，进行财政监督。由于各国政治、社会、经济、历史不同，形成了不同的财政监督类型，国外专家曾经试图按照族名、语系、地域和经济体制等因素来进行分类，共分为六类。一是盎格鲁撒克逊式，包括英国、美国、爱尔兰和受英国传统影响的部分非洲国家；二是拉丁式，包括法国、意大利、比利时和西班牙；三是日耳曼式，包括德国和奥地利；四是斯堪的纳维亚式；五是拉美式；六是集中民主和集中经济国家式。这种分类方法的缺陷在于，标准不统一，多种因素混淆，概括性不强，特征不突出。[①] 20 世纪 80 年代后，一些专家以财政监督机构的隶属关系为标准，对财政监督模式进行了重新分类，这种分类方式是迄今为止最科学的一种分类，涵盖面比较广，特征也比较突出，主要分为以下几种。

4.1.1　立法型财政监督

在立法型财政监督模式下，财政监督机构隶属于立法部门，保证立法者对执法者的监督。立法型财政监督最早产生于英国，是现代财政监督模式的主流，美国、加拿大、澳大利亚、埃及、以色列、缅甸等国都属于这一类。立法型财政监督的特点是：第一，一般都有比较完善的立法机构和立法程序来保证财政监督机构的职能得到充分的发挥；第二，立法型财政监督的监督机构都隶属于立法机关，其主要功能是协助立法机关对政府行政部门进行监督，向立法机关提供信息，并在一定程度上影响其立法机关的决策；第三，财政监督机构相对于行政机构有很强的独立性，财政监督机构的职责和权限都有法律保证，具有很高的权威性。其监督范围涉及国家政治经济生活的各个方面，在国家大量干预社会经济活动的当代社会，立法型财政监督有较强的宏观服务职能。[②]

1. 英国的财政监督

英国是最早实行资产阶级议会制的君主立宪制国家，根据英国宪法惯例，英国王是世袭的国家元首，但不拥有实权，完全受制于议会。在英国，

---

① 项俊波. 审计史 [M]. 北京：中国审计出版社，1990：359.
② 李学柔，秦荣生. 国际审计 [M]. 北京：中国时代经济出版社，2002：157.

财政监督机构主要由三个部分组成：主计审计长、国家审计署和公共账目委员会。

主计审计长领导国家审计署开展财政监督工作。主计审计长不属于公务员系列，而是一名议会下院的官员。主计审计长的人选由首相在征得公共账目委员会主席的同意后，向议会提出建议，经议会批准，由女王任命。主计审计长承担两项职责，即审计和主计职责。作为审计长，他对国家财政收支、政府部门和一些公共机构的财务收支进行审计。作为主计长，他对统一基金和国家信贷基金的收支活动进行监督。财政部需要从这两项基金账户支出款项时，必须向主计审计长提出申请。此外，他还应确保财政部将收入和其他应上缴的公共资金及时存入英格兰银行的专户。他依法独立地履行职责，不受行政的干预。主计审计长负责向议会提交审计报告。① 国家审计署在主计审计长的领导下，设立包括一名副主计审计长、五名助理审计长和综合政策局局长在内的高级管理委员会。该委员会负责制定政策、计划和全面管理。除设有综合、财务、行政服务和计算机局之外，业务局依据审计对象设置。国家审计署采用两种审计方式：鉴证审计和绩效审计。鉴证审计即财务审计，审计人员依据有关法律、法规和协议对被审计单位的年度账目进行审计。绩效审计即资金效益审计，即对被审计单位使用资源的经济性、效益性和效果性进行审计。同时，国家审计署还对国有企业和地方政府进行审计。

公共账目委员会（Public Accounts Committee）于 1861 年设立，该委员会由 15 名下院议员组成，主席由反对党的一名具有财政管理经验的资深议员担任。其主要职责是讨论和审议国家财政事务和审查审计报告。国家审计署于 1983 年根据《国家审计法》设立，该委员会由公共账目委员会主席、一名下院领袖和七名由议会指定但不属于内阁成员的下院议员组成。其职责是审查国家审计署的年度预算报告并提交议会审批，任命国家审计署会计官和独立审计师。国家审计署与该委员会的关系是相互独立和相互协作的，所有经国家审计署审计的公共账目和主计审计长的报告都要送交公共账目委员会审查。公共账目委员会根据报告审查结果，向议会提交审查报告。行政部门则以财政纪要的形式对公共账目委员会的审查结论和建议作出答复，并提出改进措施。国家审计署在后续的审计工作中，对改进措施的落实情况进行核查，并将情况向公共账目委员会报告。

① 中华人民共和国审计署外事司. 世界各国政府审计 [M]. 北京：中国审计出版社，1995：227-242.

2. 美国的财政监督

美国是一个联邦制国家，联邦、州和地方政府相对独立并实行立法、行政和司法三权分立。宪法是联邦政体的基础，立法权属于参议院及众议院所组成的国会。行政权归属总统，司法权归最高法院及国会法院。国会为两院制，由参议院和众议院组成。两院议员都由各州选民直接选举产生。总统是最高行政首长和武装部队总司令，总统不对国会负责，而直接对选民负责，总统领导下的行政机构包括大约 13 个院和部。司法权属于最高法院及国会随时规定设置的低级法院。最高法院拥有监督立法的权力，可以宣判国会通过的某一项法令违宪而失效。当前，美国财政监督机构主要包括外部监督和内部监督两种，美国会计总署和各州审计长办公室负责外部监督，联邦政府一些部门内设的监察长办公室和州、县政府内设的审计局负责内部监督。①

美国财政监督的历史可以追溯到 18 世纪末叶。在 1800～1920 年这 120 年间，美国的财政监督部门一直隶属于行政机构，即在美国财政部内设首席审计官办公室，负责财政监督工作。但是，国会对总统和行政部门的开支是否真正按照国会的规定去做一直持怀疑态度，认为首席审计官应该独立于被监督部门，即财政部。因此，1920 年国会起草和制定了《预算会计法》，建立美国会计总署。该法令规定：财政监督机构应独立于行政部门之外，能够得到行政部门的记录，向国会报告。1921 年 7 月 1 日，《预算会计法》正式生效，在国会之下设置了独立于行政的财政监督机构——美国会计总署，同时撤销了财政部的主计长和审计官，将其原有职能全部移交美国会计总署。会计总署的领导人叫主计长，由国会领导人提名，由总统任命，任期每届 15 年，不得连任。主计长只有在参、众两院联合决议，且总统签署命令的情况下才可被免职。

美国会计总署的监督范畴主要包括：（1）财政报告；（2）法律制度的遵循情况；（3）政府工作的经济性和效率性；（4）项目的效果性。美国会计总署约有 4000 名审计人员，其总部机构设置分成三大块：一是辅助性职能部门，即在主计长、副主计长办公室下设国会关系部、政策部、项目计划部、人事部、招聘部、培训机构、组织发展部等职能部门；二是负责不同领域审计任务的项目局；三是负责某些特别技术任务的技术局以及其他办公室。除此之外，美国会计总署还于 1925 年在各地区设立了 14 个地区审计办公室、两个海外审计办公室，负责各地的财政监督事务。

---

① 中华人民共和国审计署外事司. 世界各国政府审计［M］. 北京：中国审计出版社，1995：242－263.

美国财政监督的方式采用"同级监督",即美国会计总署对联邦财政收支进行监督,财政部和其他部门内设的监察长办公室对部内各司局及其分支机构进行监督。州和地方的情况同样如此,州行政内设的审计局在监督同级财政部门时,其监督结果既要向州长报告,也要同时送交审计长办公室,当州审计局因工作问题被财政预算为难时,审计局可以向州长和审计长办公室寻求帮助,审计长办公室可以通过议会干涉行政管理与预算办公室,为州审计局提供支持。立法机构与行政机关之间的相互制约关系,使得财政监督部门在监督财政时无后顾之忧。美国财政监督的重点是财政支出,以专项审计为主,很少对预算执行和决算的全面情况进行监督。其监督对象主要包括政府机构及公共事业单位、金融机构、公共工程等。其监督目标包括经济、效率和效果,即所谓的"三E审计"。经济监督主要审查和评价政府投入的各种资源是否得到经济合理的利用;效率监督主要审查经济活动的效率,使用一定资源是否取得更大的成果,或使用最少的资源取得最大的成果,对投入产出的结果进行评价;效果监督主要审查政府某一项目的计划、方案的执行结果,是否实现了预定目标或预期效果,并对此进行评价。

4.1.2 司法型财政监督

在司法型财政监督模式中,财政监督机构虽然不隶属于司法部门,但拥有一定的司法权限,可以对违反法规造成损失的事件进行审理并处罚,显示了国家对法制的强化。司法型财政监督机构具有司法性质,拥有最终判决权。其机构和人员设置参照司法机构的模式,设有法庭、法官和检察官,有权直接对违反财经法规、制度的人和事进行处理、处罚,具有很高的权威性。属于这一类型的有法国、意大利、葡萄牙、西班牙、土耳其、摩洛哥、欧共体和非洲一些法语国家。司法型财政监督具有以下四个特点。第一,财政监督机构属于司法系列或具有司法性质,即财政监督法治化。这种形式的财政监督权威性很强,以法律形式强化财政监督,财政监督机构有较强的独立性。第二,财政监督机构具有显著的稳定性。在这种形式下,财政监督官员实行终身制,特别是高级法官,其目的是保证财政监督机构的稳定性和监督方针、政策的一贯性,并寄希望于避免在政治或者战争动乱年代可能出现的报复行为,以及保证财政监督官员的人员素质和工作质量。第三,司法型财政监督为议会提供的服务具有微观特征。由于司法型财政监督机构同时负有一定的司法职能和司法权力,需要根据经济责任的履行情况,奖励或者惩罚有关政府官员或其他责任人,因而它提供给议会的信息比较微观。第四,司法型财政监督机构不实行准则管理而实行制度管理,它与财政、公共会计同属于公共财务制度，并构成大陆派的特点。①

1. 法国的财政监督

法国现行的政治体制沿袭了 1958 年戴高乐成立的法兰西第五共和国的政体和宪法。1958 年的法国宪法规定，执行权力和立法权力都要经过国民选出的代表来执行，上述两权要分开，由行政部门和议会各负其责；议会分国民议会和参议院两院，前者的议员是通过公民选举产生的，所以国民议会的权力高于参议院；行政部门的行为要对议会负责；司法机构则独立于行政部门和议会，拥有自主权。

法国审计法院承担财政监督工作，它由法官组成，法官在工作中由助理审计人员及行政人员协助。审计法院的首席院长、下属各法庭庭长和高级法官均由内阁会议通过决议，经总统任命；其他法官则在财政部部长和总理的提议下，由总统任命。首席院长一经宣誓就职，即成为法官，此职位为终身制。终身制的确立，使法院的法官能够不屈服于任何威慑权力，公正无私地行使审计司法权，完成宪法赋予的使命。审计法院由首席院长负责，下设 7 个法庭。审计法院内部的组织机构及其附属机构可由首席院长，在征求检察长的意见后，自行设置和增减。②

审计法院的主要任务是对国家财政收支和预算执行情况进行事后审计，揭示其中的问题，并提出改进建议，以利于被审计单位改善工作，并且供国家各个职能及决策部门在决策时参考。同时，审计法院对被审计单位进行公共财政预算的执行情况和决算、公共会计账目的准确性、合规性和真实性以及公共资金的使用效益进行审计。审计法院审计的主要对象是政府部门及其公共机构、社会保险机构、国有企业及国家拥有部分资产的合资企业、国家给予财政补贴或享受国家税收优惠的企业。审计法院的审计方式分为两种，即司法性的审计和非司法性的审计，前者的审计对象是公共会计，后者的审计对象是拨款发布命令者和管理人员。审计法院有权在每年的 6 月底或 7 月初公开出版发行审计法院的年度审计报告，在此报告中，审计法院有权发表刊登审计法院法官查出的并能引起社会轩然大波的丑闻，以引起新闻媒介和社会的关注。

2. 意大利的财政监督

意大利于 1861 年宣布全国统一，成立了意大利王国，实行君主议会制。

①　李学柔，秦荣生 . 国际审计 [M]. 北京：中国时代经济出版社，2002：158.

②　中华人民共和国审计署外事司 . 世界各国政府审计 [M]. 北京：中国审计出版社，1995：41 － 57.

1862 年建立意大利审计法院，第一任审计法院院长就是意大利王国的国王。1948 年，新的共和国宪法规定，意大利为议会制共和国，总统是国家元首和民族统一的象征，总统任期为七年，连选连任。在共和制中，审计法院实际上是司法机关，它既独立于行政部门，也独立于议会。宪法规定，审计法院既要协助行政部门，也要协助议会。审计法院在公共财务账目、民事、军事等领域明显采用司法程序。

审计法院是国家公共开支的最高监督机关，对公共财务案件享有裁判权。审计法院对行政部门各项法令的合法性、对国家预算执行情况进行检查监督，并直接向两院报告审计结果。法律保护审计法院及其工作人员对政府的独立性。审计法院在其经费方面享有广泛的自主权，以避免行政机构对审计活动的影响。在聘用工作人员方面，审计法院也拥有独立于行政机构的绝对自主权，一旦法律确定了审计法院履行其职责所需的工作人员的人数，该人数在一定时间内就保持不变，直到授予审计法院新的职责，议会也认为有必要增加法院的人数时，才能增加。①

审计法院院长主管联合法庭、审计庭以及其他庭的工作。法院院长就法院工作向行政首脑提出报告。为了保证审计法院的独立性，意大利审计法院法规定：除非由参众两院议长参加的委员会的同意、由总统下令，否则审计法院各庭庭长和顾问，未到退休年龄不得调离或无故被解除职务。审计法院院长、各庭庭长、顾问和检察长的退休年龄均为 70 岁。审计法院由 14 个法庭组成，其中 3 个法庭行使审计职能，另外 11 个法庭行使司法职能。审计法庭和司法庭的人员可以调剂使用，审计法院院长和各分庭的庭长具有司法地位。审计法院在中央各部委还设有派驻机构，专门负责审查各部的支出，这个机构和各部内审机构无关。

审计法院的审计对象，从实体上说，主要是内阁各部、财政金融机构、国营自主企业或公司、省市镇以及其他同国家财政有关的单位。从内容上说，主要包括：审计共和国总统法令；审计国家支出；审计政府收入；对保管国家物资的仓库和法律规定的国家资产进行审计；对提出推销要求的国家代理人所推销的债券进行审计，确保国家代理人在运用钱、物中的合规性；对国家行政机构的总资产负债表和应接受审计的自主经营机构的资产负债表，在提交议会前予以调整；对所有掌握国家资金或贵重物品的机构，以及法律规定的其他公共机构的账目进行评价；对公务员在行使其职责过程中，

---

① 中华人民共和国审计署外事司. 世界各国政府审计 [M]. 北京：中国审计出版社，1995：92 - 104.

造成税务机关损失的责任进行判决等。

4.1.3　独立型财政监督

独立型财政监督是指财政监督机构不隶属于任何国家机关，独立于行政、立法和司法三权之外，单独形成国家政权的一个分支。以德国为代表，荷兰、丹麦、巴西、菲律宾、孟加拉国、约旦的财政监督属于这种类型。

独立型财政监督机构的特点是独立性特别强，只对法律负责，在这种模式下，财政监督不受任何干涉地履行职责，能够根据自己在监督过程中发现的问题，收集的材料进行客观分析，得出公正的判断，向立法机关、行政部门和司法部门提供有价值的建议和信息，具有较强的宏观服务职能。①

1. 德国的财政监督

德国是一个实行联邦制的共和国，联邦宪法规定了国家基本原则，联邦权力高于各州的权力。各州都有自己的州宪法，在立法、行政和司法方面具有广泛的自治权力。国家机构由联邦总统、议会、内阁和法院组成。总统为国家元首，由联邦特别会议选举产生。议会由联邦议院和联邦参议院组成。内阁是国家最高行政机构，联邦总理作为内阁首脑拥有实权，但必须对联邦议院负责。德国各级法院履行司法权，除了各种联邦法院和州法院外，在联邦一级还设有联邦宪法法院，它既是全国最高法院，也是宪法机构。

德国宪法规定，联邦审计院独立地审计政府账目，检查财政活动的效益性和合规性。审计院不属于行政机构，也不属于立法机构，而是保持独立。审计院依法对行政及其所属部门的财政经济活动进行审计监督和提供咨询服务，向议会和行政提交报告。联邦审计院成员享有与法官同等的法律地位。联邦审计院成员包括院长、副院长、审计局局长和审计处处长。他们依法独立履行职责，除院长外，其他联邦审计院成员为终身制国家公务员。有关联邦最高法院法官的法律、独立地位和纪律同样适用于联邦审计院成员。同时，各州有自己的审计院，联邦审计院和 16 个州审计院是相互独立的财政监督机构，不存在隶属关系，但联邦财政制度和各州财政制度有着密切的联系。联邦各行政部门一般都设有预审局，预审局的行政隶属关系、人事管理和经费核拨视同部内其他职能部门而定。②

根据联邦宪法和联邦审计法的规定，联邦审计院的审计范围主要是：联

---

① 李学柔，秦荣生. 国际审计 [M]. 北京：中国时代经济出版社，2002：159.

② 中华人民共和国审计署外事司. 世界各国政府审计 [M]. 北京：中国审计出版社，1995：59 – 68.

邦预算经营活动的审计，包括联邦各管理部门及所属机构、联邦财政部及下属财政机构、联邦特殊资产、联邦企业等；联邦公共法人及其资产的审计，包括联邦劳动局及劳动介绍所、联邦直属的社会保险部门、使用联邦基金的部门；私人企业中的国家所占部分的审计，包括联邦控股的股份制公司、联邦参股企业、联邦援助投资项目等。联邦审计院在法定的范围内有独立行使行政审计的权力，向联邦议会提出审计报告的权力，通过审计报告对政府有关部门提出批评的权力，通过伴随财政预算过程，向议会和行政提出建议的权力，以及围绕国家财政经济活动开展服务的权力；但没有直接的行政处理权力。从 1952 年起，联邦政府规定联邦审计院院长担任公共部门管理效率委员会专员，负责向有关部门和机构提出计划、建议、报告和意见，促进公共部门加强管理和提高效率。同时，还就联邦立法活动提出咨询建议。

2. 荷兰的财政监督

荷兰王国成立于 1814 年，根据宪法规定，荷兰是实行议会制的世袭君主立宪王国，国家元首为国王，立法权属国王和议会，行政权属国王和内阁，司法权是独立的，国务委员会为最高国务协商机构，成员由国王指定。

1814 年，根据宪法，荷兰成立了最高审计机关——荷兰审计院。宪法赋予它的任务是审计中央政府的财政收支。审计院是与议会两院和国务委员会处于同等地位的国务机构。它既独立于行政部门，也独立于议会。行政部门和议会都无权指导审计院的工作。宪法和《预算和会计法》规定了审计院成员的任免，审计院的权力，为审计院的独立性提供了法律保障。审计院由三名成员组成委员会，每位成员有一位助理。成员实行终身制，到 70 岁退休，中途不得罢免，除非他们自己提出请求，或有最高法院的判决（如有犯罪行为）等特殊情况。委员会下设 6 个审计局、1 个辅助局、1 个秘书处和 1 个人事处。6 个审计局下设 20 个审计处。审计院在 13 个部都派驻审计处，对各部内审工作进行监督检查，并开展绩效审计和其他必要的审计。①

审计院独立于议会，但负责向议会提交审计报告和年度报告。议会无权干预审计院的审计工作。但《预算和会计法》规定，议会两院可以请求审计院开展绩效审计，审计院可以接受，也可以拒绝这种请求。审计院一般根据审计工作的安排和人员来作出决定。审计院的审计范围主要包括：中央政府；非政府部门，包括政府拥有 100% 股份的 12 个国有企业；政府根据一定条件，以补贴、贷款和担保等形式给予扶持的私营企业；几家银行、投资

① 中华人民共和国审计署外事司. 世界各国政府审计 ［M］. 北京：中国审计出版社，1995：149－156.

公司和机场；利用公共资金履行公共任务的部门，如社会保障部门、教育部门、公共广播部门和公共就业机构等。审计院驻各部审计处的主要任务是：研究所驻部门内审机构的组织、任务、职能、地位和计划；研究所驻部门的会计系统和审批决算的标准；检查内审机构的工作完成情况，以及他们的工作底稿和有关文件，并在 8～10 年内对全部内审工作检查一遍；收集内审机构正在审计的被审单位的信息，及时掌握审计动态。

同时，各部门还有自己的内部审计机构。早在 1945 年，荷兰财政部就设立了中央审计司，负责对各部开展政府内部审计。随着政府活动的日益扩大，财政支出的不断增加，各部相继成立了自己的内部审计机构——内部审计司。法律规定，内审机构要对本部的年度财务报表进行审计，包括检查内部控制制度。为了加强对各部内审工作的协调，成立了跨部审计委员会，由财政部中央审计司司长担任主席，审计院派秘书长参加，各部内部审计司司长为委员。审计院在中央 13 个部派驻的审计处对各部内审部门的工作方案和审计报告进行评价。

4.1.4　行政型财政监督

行政型财政监督机构隶属于行政机构，或者隶属于具体的某一行政部门。以苏联和东欧一些国家为代表，我国当前也属于这种模式。苏联的财政监督的特点是经济监督与行政监督相结合，监督职能与行政机构的其他职能相结合。苏联解体后，东欧国家现在多已转型为立法型财政监督。行政型财政监督在国际上相对比较少见，目前，只有泰国、巴基斯坦等国家在实行这种模式。泰国的审计署在总理领导下工作，巴基斯坦审计长公署则隶属于财政部门。

1. 苏联的财政监督

1917 年 12 月，俄罗斯联邦人民委员会通过了《关于国家监察委员会的组成》和《关于国家监察委员会在人民委员会中的权力》等法令，开始在政府中确立一种进行监察的组织。次年元月，又通过了《关于中央监察委员会和地方统计与监察委员会》法令。1946 年 3 月建立国家监察部。1962年 12 月，苏联成立苏共中央和苏联部长会议的党和国家监察委员会。1975年以前，财政监督工作由财政部内的财政监督局进行，该局设五个处，即中央财务监督处、地方预算监察处、专业银行监察处、国防预算监察处及组织指导处。

1965 年 12 月，苏共中央全会讨论了将党和国家监察机关改组为人民监察机关的问题，并通过了《苏联人民监察机关法》，设立人民监督委员会，但并未真正实施。1979 年 11 月，制定和批准了新的《苏联人民监督法》，明确了在各级政府机构中都应建立人民监督委员会，在各村、镇建立人民监督小组，以及在企事业单位和执行机关建立人民监督岗，形成一个公众监督体系。苏联人民监督委员会是苏联行使审计职权的最高国家机构，它直接向苏联部长会议负责，在苏联部长会议的指导下，对社会经济、文化建设及国家的管理工作进行监督和检查，并将检查结果作出汇报。人民监督委员会有权对所有的企业、机关、团体以及集体农庄的财务经济活动进行严格的检查和生产技术鉴定；人民监督小组有权检查本单位的生产和财务经济活动情况，如随时查阅单位的账簿、凭证、报表，以及其他有关资料和文件，并将检查结果写成报告向人民监督委员会报告；有权对企业、机关、团体及集体农庄的财务经济活动进行总的评价，并针对问题提出改进工作的意见。①

2. 泰国的财政监督

泰国实行君主立宪制度，国王是国家元首。国王通过国会行使立法权，通过内阁行使行政权，通过法院行使司法权。国会实行上下两院制，是国家最高立法机构。内阁向议会负责。内阁总理由国会议长提名，国王任命。内阁部长由总理提名，报请国王任命。最高司法机构为司法委员会，最高法院院长为司法委员会主任委员。

泰国审计署由总理领导，实行审计长负责制。审计长由总理提名、国会批准、国王任命，为终身制。副审计长由审计长提名、总理批准、国王任命。审计长助理由审计长提名、总理任命。审计长下设 1 名政府高级审计专家、1 名内部审计师、2 名副审计长和 3 名审计长助理。审计署下设审计审查组，秘书办公室和 9 个审计局及 12 个地区审计办公室。审计署共有人员2000 多人，以女性为主。审计署审计对象主要是政府机构和国有企业，包括：部、部级机构，厅、局级或冠以其他名称的部、部级、厅、局级机构；地区级行政机构；地方行政机构；按国家财政预算拨款立项法律设立的国有企业或其他国家机构；按法律规定或内阁总理指令应由审计署审计的任何其他机构。审计署的职责主要是：对每一财政预算年度的收支报表和每一财政预算年度的财务状况报表进行审计，并就其是否符合法律规定和事实提出意见；对年度货币储备金账户进行审计，并就其是否符合法律规定和事实提出意见；对被审单位和被审单位所负责的单位的收支、货币保管和支付，以及其他财产的使用进行审计；对被审计单位征收的有关税收、手续费和其他收

---

① 顾超滨. 财政监督概论 [M]. 大连：东北财经大学出版社，1996：62 - 63.

入进行审计等。

4.2 国外财政监督制度对我国的借鉴意义

4.2.1 财政监督模式以立法型为主

综观国外财政监督制度，多数国家以立法型为主，其次是司法型和独立型，这三种监督模式的共同特点是保证财政监督机构相对于被监督者有较强的独立性。有的立法型财政监督制度国家，虽然在行政机构内部（比如财政部门内部）也设有从事财政监督的专门机构，但这些机构的职责和立法机构从事的财政监督性质不同，他们的工作主要围绕财政资金的日常管理活动展开，将事前控制、事中监督和事后检查相结合，日常监督和专项监督相结合。

立法型财政监督的基本模式如图4－1所示。

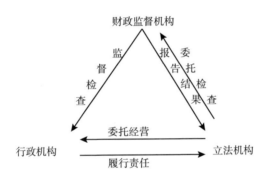

图 4－1 立法型财政监督的基本模式

4.2.2 重视对预算编制和预算资金使用的监督

从国外财政监督实践看，多数国家都很重视预算编制的科学性。在预算资金使用过程中，许多国家非常重视日常监督，注重对支出的事前、事中审核，同时也重视事后对有关问题进行抽查和专案检查，对预算从编制到执行，体现出全过程的严密审核、跟踪监控和检查核证的特点，有效地保证了预算编制的科学、合理和财政资金的安全、完整与效益。如法国、美国等国家向各政府部门派驻财政总监，财政总监直接对国家元首和财政部负责，预算资金的使用必须经财政总监签字同意之后，财政部门才能予以拨付。财政总监和其相应的财政监督机构，既可以对财政部门内部进行监督检查，也可以对其他行政机构和国有企业进行监督检查。

4.2.3　明确财政监督机构的责权并进行再监督

有些国家的财政监督机构和人员，无论是财政监察专员还是公共会计，都注意了责任明确、权力法定，使得监督机构有很强的法律支撑，在开展工作时处于强势地位，有利于对财政监督客体实施有效监督。同时，有些国家还加强了对财政监督机构和人员的再监督，比如，法国对公共会计的监督由审计法院承担，公共会计机构每年向审计法院报送公共收支决算，接受审计监督。如果财政支出出现问题，会计人员要依法承担责任。匈牙利财政部门对税务部门的执法质量要进行再监督，德国税务机构受联邦财政部和州财政部双重领导，财政部可以对其税收征管质量工作进行监督检查，其他一些国家也有通过审计法院或类似机构对财政监督机构和人员进行再监督的制度。对财政监督者进行再监督，有利于财政监督者努力和合法地工作，提高财政监督效率。

第**5**章

公共财政体制下财政监督的一般模式

5.1　公共财政的本质

国家本身是人类为了维护自身和谐统一的需要而产生的，也就是说国家的产生首先是基于公共性。但是国家形成之后，正如恩格斯所言，它变成了一种与社会相"异化"的力量，拥有了自己的生命和需求。在私有制社会，这种需求表现为统治阶级的需求，统治阶级可能使用财政资金满足自身腐化的生活以及对外扩张的需要，这种需求与社会的公共需求相矛盾。这一矛盾在封建社会后期表现得特别明显，封建制国家由于对内统治事务的发展与对外战争频繁的原因，各项支出迅速增长，已有的财政收入越来越不能满足财政支出的需要，因此封建制国家除了继续加重捐税外被迫向新兴资产阶级大量借债，而新兴资产阶级则凭借自己的经济实力以提供财政资助为手段，力求获得更多的政治权力和政治地位。新兴资产阶级通过是否同意纳税、借债，进而获得审查和监督国家财政的新权力，即对国家预算的审查批准权，[①] 这就是西方公共财政出现的最初动因。从这里可以看出，西方公共财政出现的初期并不是财政的"公共性"与"阶级性"之间产生的冲突，而是新兴资产阶级与封建统治者之间产生的冲突，是财政的"阶级性"中蕴含的内部矛盾，是社会的管理者从封建主向资产阶级转移的过程。财政的公共性体现为国家为了维护社会秩序，促进人与人之间的和谐相处而提供资金支持，而公共财政产生的历史表明，它并没有为缓和阶级矛盾做出贡献，因而它并不是真正意义上的公共财政。"公共财政"这一概念在西方出现以后，西方社会的阶级矛盾并没有缓和，人与人之间的关系并没有走向和谐，社会秩序反而进一步的混乱了，社会的分裂更加严重，这说明西方公共财政论讲述的并不是真正的公共财政。

财政是以国家为主体的一种经济行为，而国家是阶级矛盾的产物，因而财政运行是公共性与阶级性的矛盾统一。[②] 正如朱明熙（2004）提出的那样，我们不能把公共财政与国家财政对立起来。[③] 财政的公共性是天然存在的，因为国家永远都具有公共性，完全没有公共性的国家是不存在的，"有国家就有财政"这句话等同于"有国家就有公共财政"，因而

① 邓子基，陈工. 财政学 [M]. 北京：中国人民大学出版社，2014：7.

② 陈共. 财政学 [M]. 北京：中国人民大学出版社，2017：16.

③ 朱明熙. 尊重历史　实事求是——与张馨、高培勇同志商榷 [J]. 财政研究，2004（9）.

真正意义上的公共财政不是市场经济的产物。社会不同历史阶段下的财政形式体现的都不是公共性的变化，而是阶级性的变化。西方市场经济模式下出现的公共财政理论和模式，只是西方特定历史时期和阶级力量对比模式下的财政模式，它是与西方社会整体上人们的平均自控能力相对应的一种财政形式。因而我们不能说古代社会的财政形式不是公共财政，也不能说我国计划经济时期的财政不是公共财政。西方经济学提出的公共财政只是市场经济时期的一种特定公共财政形式，不同的社会有不同的公共财政模式，公共财政也是一个历史的动态范畴，所有的财政形式都可以被认为是公共财政，但不同时期不同国家的公共财政有所区别。当前，我国处于中国特色社会主义市场经济建设时期，因而我国的财政应当是中国特色公共财政，它是公共财政，但又有别于一般市场经济下的公共财政。

5.2　财政监督制度变迁的内在动力

财政监督是一种制度，财政监督制度的改革是一种制度变迁。制度是自然演化和人为设计相结合的产物，而人为设计又必须符合自然演化的规律才能得到承认。要了解制度变迁的动因，必须结合人性理论来考察。从根本上来说，人的行为都是被动的，是为了缓解身心不平衡带来的压力。人在需求不能满足时，会产生不舒适感，因而会采取各种措施来消除这种不适，进而获得身心的平静。人在平静状态下，则不会有任何行动。因此，人的理想状态是平静，人的一切行为动机都是为了恢复平静。[①] 但是，在供给与需求不相等时，人获得平静有两种途径：一是增加供给，二是减少需求。这两种途径都可以缓解供需矛盾，使人的压力减少而增加平静指数。但增加供给的方式会产生两种副作用：一是使可用的资源减少，二是诱发下一步更大的需求。不断增加供给、满足需求会使人在快乐刺激下产生瘾，导致神经系统中多巴胺分泌增加，人的自控力下降。[②] 减少需求则不会有这些副作用，它可以使人直接获得平静，亦不会导致需求的增加，自控力增强。

制度是人的产物，自然演化也是遵循人性的演化而发展的。人类社会一切制度的总源头是国家，国家的产生是财政制度的开端，而国家的诞生过程

---

① 马向荣. 经济人假设的辨析与重构——兼论斯密悖论的破解 [J]. 经济问题探索, 2017 (1).
② 凯利·麦格尼格尔. 自控力 [M]. 北京：印刷工业出版社，2012.

正好展示了人性演化的过程。随着时间的推移，一些人不满足于各取所需的平衡状态，个性化的需求出现。为了方便自己，有人开始占有并存储公共资源，破坏了"自助餐式"的消费模式。这时社会面临两种选择：一是禁止这种个性化的需求蔓延，以使社会停留在各取所需的天然均衡状态；二是满足这种个性化需求，为个人占有资源提供方便，即允许少数人占有公共资源作为私有财产，从而出现了私有制。但这样做的结果，是使得越来越多的人争相占有公共资源，资源开始出现稀缺性，人们为了争夺资源而相互冲突，社会秩序陷入混乱。为消除这种混乱，人们建立了国家，通过国家机器来维护社会秩序。正如恩格斯所言："国家是承认这个社会陷入了不可解决的矛盾，分裂为不可调和的对立面而又无力摆脱这些对立面。而为了使这些对立面，这些经济利益互相冲突的阶级，不致在无谓的斗争中把自己和社会消灭，就需要有一种表面上凌驾于社会之上的力量。这种力量应当缓和冲突，把冲突保持在'秩序'的范围以内，这种从社会中产生但又自居于社会之上，并且日益同社会异化的力量，就是国家。"① 因而"国家"这种综合性的制度框架是被动产生的，是社会为了弥补人们自控能力下降而设计的一种"他律机制"。

国家一开始的形式便是私有制，因而最初的财政形式是私有制财政。私有制财政虽然通过为国家机器提供财政资金暂时缓和了社会秩序，但同时又在法律层面上认可了个人占有公共资源的合理性。它一方面刺激了人们对物质财富的个性化需求，另一方面刺激了国家对财政收入的追求，这使得不断增加供给以满足不断上升的需求成为私有制时期人类生活的主旋律。随着需求与供给的螺旋式上升，人类的经济和科技取得了巨大的发展，财政收支的规模逐渐扩大，但社会的平均自控力逐渐下降，财政制度的形式也相应不断变迁。资本主义财政是距今最近的一种私有制财政形式，马克思曾讲道，"资产阶级在它的不到一百年的阶级统治中所创造的生产力，比过去一切世代所创造的全部生产力还要多，还要大"，所以资本主义国家财政收支规模远比封建国家要大得多。但这些财政收支是以破坏自然生态平衡和人际关系为代价的，它的直接结果就是社会平均自控力下降。马克思形象地比喻道："它使人和人之间除了赤裸裸的利害关系，除了冷酷无情的'现金交易'，就再也没有任何别的联系了"，② 当人们过度追求物质刺激和人际关系逐渐

---

① 马克思，恩格斯. 马克思恩格斯选集［M］. 中文第 2 版，第 4 卷. 北京：人民出版社，1995：107.

② 马克思，恩格斯. 共产党宣言［M］. 北京：人民出版社，1997：32.

商业化时，人的同情心会减弱，竞争心加剧，人的情绪波动加大，自控力进一步下降。

从这个财政制度变迁历程中可以看出，资本主义财政的诞生是人类社会平均自控力下降的结果，而当前西方国家的财政制度也只是适应于他们国家内部人们平均自控力的一种制度设计，并不普适于全世界。一个最近的典型案例是 2022 年 4 月，美国众议院对于大麻是否合法化进行了投票，明确了大麻在全美合法化，并取消了贩卖和分发大麻人员的长期处罚。同时，还拟提升大麻的销售税。① 美国寻求将毒品合法化并以此增加财政收入成为轰动世界的新闻，但此举背后有更深层次的原因，就是随着美国社会对刺激性需求的上升。据美国疾病控制和预防中心网站公开信息，2019 年，美国约 4820 万人至少使用过大麻一次。几十年来美国政府的禁毒举措几近失败，最终不得已采取寻求毒品合法化的措施。这样做将获得两种利益：一是通过增加毒品供给来满足人们不断上升的对毒品的需求，从而获得毒品制造商和部分选民的支持；二是通过征税增加财政收入，扩大政府支出规模。这正是一个典型的"社会自控能力变化"决定着制度变迁的案例，但美国毒品合法化并不代表全世界都要将毒品合法化，那只是适应于美国社会平均自控力下降的一种制度选择。

上述分析所要说明的是，西方国家的公共财政模式和财政监督制度仅仅是适合于西方国家社会平均自控力的制度，而不是普适于全世界的制度。例如，我们说"公共财政"是"市场型财政"，并不意味着市场就是好的，更不意味着市场是万能的。"市场型财政"只是社会发展到一定阶段后被迫出现的财政模式，市场调节并不比计划调节更优，因为二者适合于不同的社会状态。比如，美国在宣布大麻合法化后，准备对其征收较高税率的销售税，这个举措实际是将毒品的治理从"行政禁止"转变为"市场调节"，显然这种市场调节的效果远不如行政命令。同理，我们认为"公共财政"是"民主型财政"和"法治型财政"，也并不意味着民主财政与法治财政就一定是好的。在社会平均自控力很强的时期，纳税人和使用财政资金的人都具有较高的自觉性，滥用财政资金的现象很少，所以集中型财政和人治型财政的效率会高于民主型财政与法治型财政。但在社会平均自控力较弱的时代，情况却可能相反。因而，西方国家的民主财政不是真正意义上的民主财政，而只是社会自控力下降到一定程度后出现的散乱现象，而西方的立法型财政监督

---

① 孙丁. 美国寻求大麻合法化 害己害人 [DB/OL]. 法治网，http：//www.legaldaily.com.cn/commentary/content/2022－04/11/content_ 8701747. htm.

制度也只是为克制过度散乱可能导致的财政收支低效而被迫设计的应对措施。所以，我们在定义真正的公共财政和设计财政监督制度时，决不能盲目效仿西方国家，而必须立足于中国国情，从适合于中国社会平均自控力的角度出发，设计中国特色的财政监督制度。具体而言，我国现行的行政型财政监督制度是脱胎于计划经济时期，是对应于当时社会的平均自控力的制度，而改革开放几十年后的今天，社会平均自控力有所下降，过去的财政监督制度效果已经达不到当初的水平，所以需要进行适当的改革，使其发挥更好的监督效果。

5.3　一般公共财政体制下的财政监督模式

在一般市场经济下的公共财政体制中，公众和政府是相互监督的关系，实践中主要体现为公众与具有财政管理权的行政机构之间的相互监督。公众对政府的监督包括直接监督和间接监督，间接监督是立法机构代表公众对行政机构进行监督，因而行政机构要接受群众和立法机构的监督，同时还要进行自我监督，这体现的是公共财政的民主性与市场性。在顶层的是宪法与法律，公众和政府都受到宪法和法律的监督和约束，政府对公众的监督也是通过宪法和法律授权来进行的，① 这体现的是公共财政的法治性。

5.3.1　一般公共财政体制下财政监督模式的组织架构

基于受托财政责任控制观而形成的公共财政监督组织架构如图 5 - 1 所示。

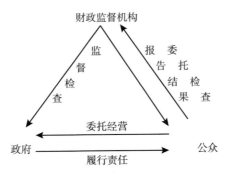

---

① 朱明熙. 尊重历史　实事求是——与张馨、高培勇同志商榷 [J]. 财政研究, 2004 (9).

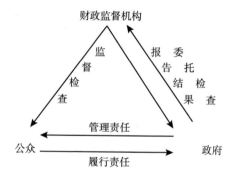

图 5 - 1　公共财政体制下财政监督模式的组织架构

5.3.2　一般公共财政体制下财政监督模式的层次结构

公共财政体制下财政监督的层次结构如图 5 - 2 所示。

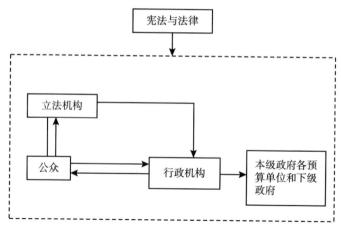

图 5 - 2　公共财政体制下财政监督的层次结构

第 **6** 章

新时代中国特色财政监督制度探索

财政制度是人为设计与社会演变的一种结果，其内在推动力是社会平均自控能力的变化。政府本身代表公共性，但政府公务员不具有公共性，他们只是执行公共事务的个人，正如公共选择理论指出的那样，公务人员有自身的私人利益诉求。公共财政和立法型财政监督制度的形成，是应对整个社会自律能力下降的一种结果。

6.1　新时代中国特色公共财政的内涵

从公共财政的起源和发展过程中可以看出，我国的公共财政理论实际上是中国特色社会主义市场经济在发展过程中，为适应市场经济的深入发展而提出的。现有公共财政理论受西方市场经济学说的影响较大，比如把公共财政定义为"社会公众对之规范、决定、制约和监督的国家财政"，强调的是"他律"，即公众对政府财政进行监督，主动的一方是公众。但是市场经济不可避免地会造成贫富悬殊，公众里面既有富人又有穷人，富人和穷人对财政制度的需求和影响力是不相同的。那么这种财政监督定义就无法准确地表述出最后真正能够监督财政的主体是谁。西方市场经济国家的财政监督之所以强调公众对财政的监督，而不强调财政对公众的监督，是因为西方社会有影响力的是富人。富人拥有对国家的支配权，富人同时也是纳税大户，他们具有监督财政的积极性，也有监督财政的能力。而普通社会公众作为穷人，他们纳税少，也没有影响力，既没有监督财政的动力，也没有监督财政的能力。所以西方公共财政理论中的监督财政，实际只是少数富人监督财政。在贫富悬殊的社会，政府对市场的调控能力较弱，税法制定受制于富人，富人不希望自己的行为和财富受到政府的制约，所以他们不强调财政对纳税人的监督。因而，西方式的立法型财政监督实际上偏向于单向监督。而中国是社会主义国家，是人民当家作主的国家，公众与政府之间是双向监督的关系。政府对社会的治理功能是多方面的，其中包括了缩小贫富差距、实现公平正义，而这些功能必须依靠政府监督纳税人才能实现。税法的制定权应不受富人支配，而是立足于服务整个社会。党的十八大以后，我国提出建设中国特色财政制度，把"保障社会和谐稳定、实现国家长治久安"作为财政的新增职能，把财政提升到国家治理的层面，强调的是政府财政对社会的治理功能，其主动的一方是政府。因而，基于西方市场学说的公共财政定义与中国特色社会主义公共财政定义之间的区别，实际上是政府与市场关系的问题。

政府与市场的关系历来是学术界争论不休的难题，即在社会经济发展过程中究竟应该以政府为主导，还是应该以市场为主导。西方公共财政理论提倡以市场为主导，把政府的财政职能局限为"弥补市场失灵"，即财政仅仅是因为市场存在失灵而被动出现的事物，财政在社会经济发展中处于从属的地位，而不是主导的地位。相应地，财政监督就主要是市场对政府的监督。我国走的是中国特色社会主义道路，强调国家治理，而不是被市场牵着鼻子走。把"实现国家长治久安"列入财政职能中，正是强调中国财政的社会主义特色。因而，中国特色公共财政制度必须同时适应"社会主义"与"市场经济"两者的要求，做到既要实现国家治理功能，又要符合财政的市场特征。相应地，其财政监督制度既有政府监督市场，又有市场监督政府，是一种双向监督。

中国特色公共财政制度不同于西方市场经济公共财政，也不同于传统计划经济时期的建设财政。党的十八届三中全会提出"使市场在资源配置中起决定性作用和更好发挥政府作用"，明确了当前我们仍然要让市场在资源配置中起决定性作用，这一要求使得财政的基础特征是其"市场性"。完整的市场系统由家庭、企业和政府三个相对独立的主体组成，在市场经济下政府也是构成市场系统的一个主体，为市场提供公共物品，但政府又是一个公共服务和政治权力机构，具有与市场不同的运行机制，在市场体系中具有特殊的地位和功能，可以介入和干预市场。因而，发展社会主义市场经济，既要发挥市场的作用，也要发挥政府以及财政的功能。中国特色社会主义市场经济的定语是"社会主义"，市场的发展必须限于社会主义的基本框架内，从这一点来说，政府对市场的治理力度又必然远远大于西方市场经济国家，而不仅仅限于市场失灵的领域，这是我国市场经济区别于西方市场经济的特征。

6.2 不同类型财政监督制度的形成与绩效比较

在财政监督的多种模式中，使用立法型财政监督制度的国家最多。但西方国家的立法型财政监督是否是绩效最高的监督制度却是不确定的，这必须和当时该国民众的理性程度，即自控力高低结合起来考察。

6.2.1 自控力较强条件下的博弈模型

在整个社会自控力很强的情况下，此时假设自控力指数 $k_1 < x < 1$，政

府虽然不接受监督，但政府官员十分廉洁自律，并且具有高于普通民众的认知能力，能够高效和公平地处理公共事务，使得财政资金的收支效率很高。此时，形成如图6－1所示的博弈矩阵。

委托人

策略选择	合作	不合作
合作	1，1	0.8，1.2
不合作	2，1.5	0.9，0.8

代理人

图6－1　自控力较强条件下委托人与代理人的博弈矩阵

上述模型的博弈过程是：在委托人选择合作的情况下，代理人选择不合作的收益最大，即 $2 > 1$；在委托人选择不合作的情况下，代理人的最优选择也是不合作，即 $0.9 > 0.8$，故代理人必定选择不合作。一旦代理人选择不合作，委托人的最优选择是合作，即 $1.5 > 0.8$，故上述博弈模型的解是（不合作，合作），社会的总收益是：$2 + 1.5 = 3.5$。此时，形成的是政府监督市场、主要由政府决定的模式。

6.2.2　自控力程度居中的博弈模型

图6－1中模型的假设条件是政府的廉洁自律能力很强，若整个社会的自控力下降，自控能力指标 $k_2 < x < k_1$，这时，若政府财政基本不接受监督，将会导致权力寻租现象和滥用财政资金的行为出现，使社会的总收益下降，形成如图6－2所示的博弈矩阵。

委托人

策略选择	合作	不合作
合作	1，1	0.8，0.9
不合作	0.8，0.7	0.7，0.6

代理人

图6－2　自控力程度居中条件下委托人与代理人的博弈矩阵

上述模型的博弈过程是：若委托人选择合作，代理人的最优选择是合作，即 $1 > 0.8$，若委托人选择不合作，代理人的最优选择也是合作，即 $0.8 > 0.7$。一旦代理人选择合作，委托人的最优选择将只能是合作，因为 $1 > 0.9$，形成（合作，合作）解，此时，社会的总收益是 $1 + 1 = 2$。这种情况下形成的是政府与市场相互监督的财政监督模式。在这种模式中，政府与市场的力量差距不大，但绝对相等又是不可能的，所以又分为政府略占上风、市场略占上风以及政府与市场力量相互均衡等多种模式。

6.2.3 自控力较弱条件下的博弈模型

假设自控力进一步下降，自控力指数 $0 < x < k_2$，此时政府官员的权力寻租和滥用财政资金的现象大量出现，再不接受监督，将会导致社会公众特别是富人的反对，社会秩序出现混乱。社会自控力下降的另一个结果将是贫富差距加大，社会财富集中到少部分人手里，从而使得富人的议价能力大幅度提升，拥有了与政府讨价还价的能力。因而在这种冲突中，代理人已经无法形成足够的胜利预期。此时，将会形成如图 6-3 所示的博弈矩阵。

委托人

策略选择	合作	不合作
合作	1, 1	0.8, 1.1
不合作	0.8, 0.2	0.2, 0.3

代理人

图 6-3　自控力较弱条件下委托人与代理人的博弈矩阵

此时，若委托人选择合作，代理人的最优选择是合作。因 $1 > 0.8$，若委托人选择不合作，代理人的最优选择仍然是合作；因 $0.8 > 0.2$，一旦代理人选择合作，委托人的最优选择将是不合作；因 $1.1 > 1$，此时博弈的最后结果是（合作，不合作）。社会总收益为 $0.8 + 1.1 = 1.9$，此时形成市场监督政府，市场力量占强的模式。西方国家的立法型财政监督制度就是在这种情况下形成的。从总体上来说，这种监督制度主要体现为纳税大户即富人对政府的监督，而政府对富人的监督相对较弱。

6.3　公共财政体制下财政监督机制设计

从上述博弈分析中可以看出，不同的财政监督制度是与当时当地的社会平均自控能力相适应的，制度本身是自然演化和人为设计相结合的产物，人为设计的制度只有适合自然演化的进程才能被社会接受并获得良好的绩效。制度变迁是被动发生的，这意味着，如果一个社会的平均自控力达不到标准，任何先进的制度设计都无法被社会认可与接受。因而，国家在设计制度时，必须同时采取措施提高社会的平均自控力，这种设计才能和自然演化相结合，而成为自然演化的一部分。

6.3.1 中国特色财政监督制度的基本定义

财政监督制度的演化历程表达的是政府与市场关系变化的过程，博弈分析表明，政府与市场的关系存在如图6-4所示的4种模式。

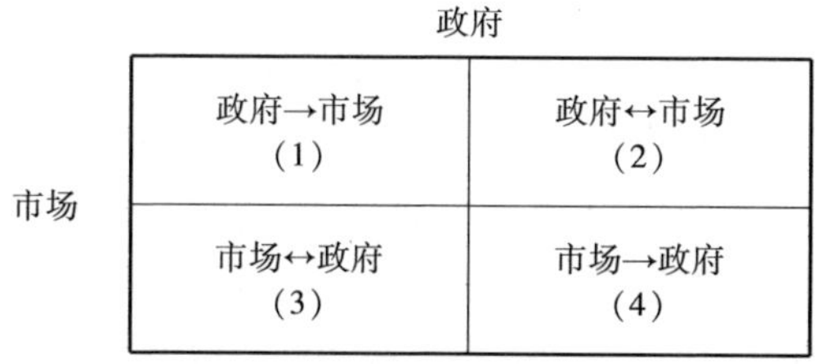

图6-4 政府与市场的关系

（1）政府监督市场，市场基本不监督政府，主要由政府决定；
（2）政府与市场相互监督，但以政府为主导，政府的力量占强；
（3）市场与政府相互监督，但以市场为主导，市场的力量占强；
（4）市场监督政府，政府基本不监督市场，主要由市场决定。

完全计划经济国家基本上使用的是模式（1），而在西方市场经济国家，使用的基础模式是（3），即"小政府，大市场"模式，但很多西方自由市场经济学家更推崇模式（4），把政府的调控力量降到最小化，市场的力量增强到最大化，实现市场的完全自由运转。所以西方国家的模式实际是介于（3）与（4）之间，正在向（4）转变。但是，无论哪一种模式，政府与市场都不可能是单独存在的。在模式（1）中，虽然政府占绝对上风，但仍然有市场的力量存在，而在模式（4）中，也绝不可能抛弃政府，只存在市场，因为市场与政府是并生的，完全自由市场理论实际是不成立的。

《中共中央关于全面深化改革若干重大问题的决定》中明确提出"财政是国家治理的基础和重要支柱，科学的财税体制是优化资源配置、维护市场统一、促进社会公平、实现国家长治久安的制度保障"，把财政职能提升到国家治理的层面，强化了政府管理市场的力度，这一表述符合中国特色社会主义的基本特征，是社会主义市场经济区别于资本主义市场经济的要旨所在。因而，我国的公共财政模式应在立足于模式（3）的基础上，适当向模式（2）转变，实际模式应介于模式（2）与模式（3）之间，达到政府与市场力量基本均衡。

6.3.2 中国特色财政监督制度的机制设计

中国特色财政监督制度设计立足于政府与市场相互监督、二者力量相互均衡的模式基础，结合本书讨论的财政监督层次结构，进行如下机制设计。

1. 在宪法和法律中确立财政制度的基本原则

宪法是一种"选择规则"的"元规则"，确立如何制定合理的财政制度的原则性规定是财政监督的基本起点，也是最基础的财政监督形式。财政监督不仅仅是对政府的日常财政收支进行合规性审查，还要审查这些"财税法规"是否合理，即根据宪法的基本精神执行对现存财政制度的选择功能，对不合适的制度进行扬弃和改革。而目前，我国《宪法》在财税制度方面还没有明确的条文可供遵循，属于待填补的领域。

从前面的分析可知，人类历史上最初的财政制度本身是社会自控力下降的结果，而后续的财政制度变迁也是自控力进一步变化的产物。因而，宪法对财政制度的基本规定必须遵循如下原则：适应当时的自控力水平并阻止自控力进一步下降，适当提升社会自控力。党的十九大报告指出："中国特色社会主义进入新时代，我国社会主要矛盾已经转化为人民日益增长的美好生活需要和不平衡不充分发展之间的矛盾"，显然，"美好生活需要"并不等于"物质生活需要"，更不等于"刺激性生活需要"，美好生活的核心是健康环保和社会和谐，这与西方国家盲目追求经济增长和放纵国民寻求不健康的生活刺激是不相同的。在中国特色社会主义财政制度建设进程中，财政是国家治理的基础和重要支柱，这意味着，财政不能仅仅为经济发展服务，而要为国家长治久安服务。一些西方国家的财政制度纯粹服务于 GDP 增长的需要，为增长而增长，甚至为了增加财政收入无原则地顺应和刺激国民的一些不健康需求，脱离了财政服务于社会"平静、幸福、和谐"的基本宗旨，不利于国家长治久安。

盲目追求经济增长主要是因为缺乏辩证法的视角，没有认识到经济增长具有回归性。经济增长会带来环境的破坏，在经济发展的初期，这种破坏不明显，所以经济增长呈现加速增长的态势，但当环境被破坏到一定程度时，经济增长会受阻。所以，GDP 会呈现出"先增加，后减少"的现象，如图 6-5 所示。

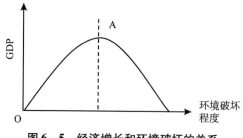

图6-5　经济增长和环境破坏的关系

在图6-5中，GDP总量先随着环境破坏程度增加而增加，达到最高点A后，开始随着环境破坏程度继续增加而减少，表现为拱形曲线。人类社会在每一次经济增长之后，会产生更多的需求，成为经济继续增长的动力。经济增长是人类社会需求不断增加产生的压力导致的，但若不加以适当控制，这种增长将会导致环境的极度恶化，使得人们反而失去赖以生存的资源。具体来讲，环境包括两部分。一是外环境即自然环境。经济过度发展将不可避免地破坏生态平衡，导致自然灾害增加，阻碍经济继续增长。二是内环境即人文环境。经济增长意味着社会成员的平均消费水平在上升，而这些消费显然已经远远超过基本生活需要，很大一部分属于不健康的刺激性消费，在自然层面对人的神经系统产生负面刺激而降低自控力。加上经济增长带来的贫富差距加大，人与人之间的竞争日益激烈，导致人们心理平衡程度降低，在社会层面刺激人的神经系统而降低自控力。自控力水平下降会导致社会不稳定性增强，不稳定意味着社会有序度下降，政府管理难度加大。当人文环境被破坏到一定程度时，政府对社会的调控变得艰难，市场失灵将无法得到有效的治理，从而导致经济衰退。

习近平同志曾多次指出"绿水青山就是金山银山"，这一科学论断为经济发展与环境保护之间的关系指明了方向，强调"绿水青山就是金山银山"，就是要尽最大可能维持经济发展与生态环境之间的精细平衡，走生态优先、绿色发展的路子。从某种意义上说，西方国家频繁发生的经济危机和金融危机，是一种自然调节现象，是经济过快增长破坏了自然环境和人文环境的必然后果。西方国家在经济衰退时采取的一些刺激经济复苏的政策，是对经济发展的一种"提前透支"，非但不能最终解决问题，还会为未来更严重的经济衰退埋下伏笔。因而，在宪法和有关的财税法律中，必须制定的基本原则是：财政制度应在不破坏自然环境和人文环境的前提下，推动经济适度增长，以满足人们日益增长的美好生活需要。这意味着，对于一些高污染产业、收入分配严重不公和社会上出现的不健康需求等不符合"美好生活需要"的多种现象,在财政收支方面不但不能予以支持,还应当运用财税政策手段进行禁止和纠正。

2. 建立社会公众对政府财政行为的直接监督机制

(1) 加强舆论监督。舆论监督是一种社会性的财政监督形式。舆论监督的公开性使其具有其他监督形式无法替代的良好效应。舆论监督有利于公众直接行使对政府的财政监督权力,及时发现财政管理中存在的徇私舞弊或贪污浪费现象。要搞好群众对政府财政行为的监督,就要敢于曝光,发挥舆论监督的特殊作用。首先,加强新闻媒体的监督力量。新闻媒体是党和人民的喉舌,新闻单位行使监督权就是行使公众的民主权利的体现,舆论监督是党和人民赋予新闻工作者的崇高职责,新闻记者应敢于为民请命,伸张正义,揭露财政管理中的违纪违规问题,反映广大人民群众的心声。其次,要建立社会公众预算诉求信息处理机制,广泛收集社会公众对预算的诉求,认真听取人民群众对预算的意见和建议。最后,各级党委和政府要做舆论监督的后盾,克服地方保护主义思想,不怕露丑,不怕"失面子",大力支持新闻媒体对财政管理中存在的违纪违规现象进行揭露,以体现人民群众对财政的监督。

(2) 建设透明财政。要实现公众对政府的财政监督,财政透明是最关键的要素。如果公众对财政信息一无所知,就无法进行监督。财政透明度是优良政府管理的关键环节,它可以促使负责制定和实施财政政策的人士更加负责。根据国际货币基金组织的看法,财政透明度至少应该包括以下因素。第一,作用和责任的澄清。应该说明政府的结构和功能,公布政府与其他公共部门的关系。政府与非政府之间的关系应基于清晰的安排。公共金融机构和非金融公共企业的年报应说明政府要求其提供的非商业性服务。政府资产的私有化应由有关部门独立审计。第二,公众获得信息的难易程度。面向公众的预算文件、决算账户以及其他财政报告应包括中央政府是所有预算和预算外活动,还应提供中央政府的汇总财政状况,并应提供所有预算外资金的明细报表。描述中央政府或有负债、税收支出以及准财政活动的性质及其财政影响的报表应该是预算文件的一部分。这类报表应说明每项支出的公共政策目的、期限及目标受益人。在可能的情况下,还应提供大额支出的数量信息。中央政府应公布全面的关于其债务和金融资产水平和构成的信息。第三,预算编制、执行和报告的公开。年度预算的编制和介绍应在一个综合、一致的数量性宏观经济框架中进行,而且还应提供编制预算所使用的主要假设。预算数据应在总额基础上报告,区分收入、支出和融资,并对支出进行经济、职能和行政分类。预算外活动的数据也应在同样基础上报告,应采用政府财政统计或其他广为接受的分类制度。应该有综合和完整的会计制度，该制度应为评估支付拖欠提供可靠的基础。应在年中后的三个月内向立法部门提供有关预算执行情况的年中报告，还应公布频率更高（至少是每个季度）的报告。应在每个财政年度结束后的六个月内公布关于中央政府债务和金融资产的细节。应在财政年度结束后的一年内向立法部门提供决算账户。第四，对真实性的担保。预算数据应反映近来的收支趋势、重要的宏观经济动态以及翔实的政策承诺。年度预算和决算账户应说明会计基础以及编制和介绍预算数据所使用的标准。应为财政数据质量提供具体的保证。尤其应说明财政报告中的数据是否内在一致，并与其他来源的有关数据核对。独立于行政机构的财政监督机构应及时向立法机构和公众汇报政府账户的财务状况是否真实。①

从具体的操作来讲，应建立健全预算公开制度，将预算政策、编制原则、审批和执行以及决算等所有预算过程和预算信息通过报纸、电台电视和网络等媒体向社会公开，接收全社会的监督。当前，政府财政收支除了通过正式渠道予以公布之外，对于关系国计民生的重大资金项目，还应该在互联网上公布，以方便快捷地接受公众监督。同时，还应引进社会审计机构对政府部门的财政审计。即仿照社会审计机构对企业审计的模式，每年由财政拨款，聘请社会审计机构对各预算单位的财政收支行为进行审计，审计结果应向社会公布。

（3）强化公众的建议权。当前，在公众对政府的监督实践中，还存在一个缺陷，即公众的建议仅仅停留在口头和舆论，在一些实质问题上的政策建议得不到采纳。因此，必须加强公众的建议权，建议也是一种监督，是公众意见的直接反映，它应该受到政府的重视而不是走形式。在重大财政政策或者重大财政资金项目出台前，应该召开咨询会，听取广大人民群众和专家的意见。对于一些公众群众强烈反对的政策或者项目（如一些污染严重、损害公众身体健康的项目），应该不予上马，对于已经开建的项目，也应立即停工。

3. 建立人大对政府的财政监督机制

我国《宪法》规定，中华人民共和国的一切权力属于人民。人民行使国家权力的机关是全国人民代表大会和地方各级代表大会。人民依照法律的规定，通过各种途径和形式，管理国家事务，包括管理经济和文化事业，管

---

① 国际货币基金组织编著，财政部财政科研所整理. 财政透明度 [M]. 北京：人民出版社，2001：6-9.

理社会事务。全国人民代表大会和地方各级人民代表大会都由民主选举产生，对人民负责，受人民监督。国家行政机关、审判机关、检察机关，由人民代表大会产生，对它负责，受它监督。从宪法的规定中可以看出，财政监督是公众参与国家管理的一种方式和手段，是公众通过选出的代表管理和监督国家财政活动的一种制度。在公共财政体制下，财政监督应该具有民主性、真实性、广泛性和权威性。构建如下财政监督机制。

（1）人大收回税收立法权，并统一预算内外收支。公共选择理论认为，最优的税收工具是参与公共选择的人们能够至少在理论上获得一致同意的那种税收工具。税收工具必须联系收入和支出过程，只有当纳税人预计他们从政府那里享受到的公共服务利益大于其通过税收转移给政府的资源价值时，才会同意纳税。因此，优化的税制不仅应促进个人真实显示其对公共支出的偏好，还应将政府的实际公共支出水平限定在公共意愿的最优水平上。因此，应实现由授权政府行政立法向人大立法转变，尽快改变以行政规章尤其是以内部规范性文件形式公布税收政策和调整税率的现状，实现税收法制化。同时，应该统一预算内外收支。我国当前的预算法规范的财政性资金是预算内资金，即各种税收、国有资产经营收益、专项收入、罚没收入等，而大量行政性收费、基金和附加收入等却未纳入预算管理，形成预算外资金，其收支都不受预算的约束，造成了财政资金管理混乱，削弱了预算的宏观调控能力和约束力。因此，有必要将预算外资金纳入预算内管理，使其进入人民代表大会的监督范围之内。

（2）建立专门的预算审查机构，强化预算约束力。人民代表大会应强化传统的预算审查监督职能，按规定审查和批准国家的预算和预算执行情况的报告。但是，必须尽快健全预算审批机构，各级人大应设立专门的预算委员会和专业的预算辅助机构。预算委员会负责对预算详细的、全面的审议，为人民代表大会及其常委会的审议提供专业的指导意见。同时，预算委员会下应设立由预算专业人员组成的预算辅助机构，作为预算委员会的智囊团，对政府公共预算草案的合法性、合理性和科学性作出客观公正的评价并提出意见。① 同时，应该强化预算约束力。立法机关对政府预算的审查、批准和监督是社会公众对政府活动进行间接监督的一种体现，预算一经批准就具有法律效力，政府各项活动必须受到预算的约束和限制。没有预算授权就不能进行财政收支，资金不能挪作他用，政府的财政活动必须接受立法机关监督。

---

① 胥纯.预算审查监督理论与实践［M］.成都：四川出版集团，四川人民出版社，2008：88.

（3）建立人大对审计部门和财政部门财政监督机构的再监督机制。

一是强化绩效预算管理。自 20 世纪 80 年代以来，在"新公共管理"（QRS）逐渐兴起的大背景下，以新西兰、英国、澳大利亚、加拿大、美国等为代表的发达国家大刀阔斧地推行了以政府预算和政府会计为重心的公共财政管理改革，全力打造基于结果导向的预算和公共财政管理系统。

从各国绩效预算的实践看，主要工作内容包括四个部分。一是计划编制。即职能部门根据所要达到的目标编制中长期战略计划和年度计划。二是预算编制。根据职能部门的目标和计划分配资金，编制中长期预算和年度预算。三是绩效评价。由专门的绩效评价机构对预算执行的最终成果进行评价。四是预算调整，即根据绩效调整预算。我国要完全实行绩效预算，还有一段较长的路要走，在这个过程中，新组建的人大财政监督机构可以分三步走。

第一步，开展绩效监督，以绩效监督带动绩效预算的实行。绩效监督就是监督各项财政支出是否取得了应有的效益，虽然目前各部门还没有制定出确切的绩效指标，但政府的各项财政支出本来有一定的目的，通过绩效监督可以看出该项支出是否完成了预期的目标，通过绩效监督增加政府各部门的决策者在使用财政资金时的压力，提高资金使用效益，降低行政成本，改善服务质量。

第二步，建立科学的政府预算绩效评价体系。绩效评价是对政府公共支出所产生的效果和影响进行评价的行为。它强调的是一种预算支出控制技术，通过创设一种公共资源再配置机制和直接的利益制约机制，来引导公共资源的流向与流量。绩效预算包括绩效战略、成本测算、绩效协议、绩效报告及其应用等许多方面，实施绩效预算的难点在于绩效评价，有了完善的绩效评价机制，绩效预算的推行就会顺利。通过一段时间的绩效监督，财政监督管理部门对绩效评价问题在理论上和实践上必然日趋成熟，最终可以开发和建立一套科学完整的财政资金绩效评价体系。

第三步，深入参与绩效预算工作，最终发展成为绩效预算的管理机构。绩效预算由于过程复杂，牵涉面广，必须有一个统一的管理机构。财政监督机构无论是从理论上还是从历史实践上，都是最应该承担这个任务的机构。转型后，在绩效预算方面的主要职责有三点。第一，构建绩效评价指标。构建绩效评价指标体系是一项专业性和技术性都非常强的工作，应遵循由易到难、逐步完善、自下而上、内外结合的原则，结合自身力量和专家力量，对纳入绩效预算管理的政府部门逐一制定绩效考核指标，并交由预算支出部门作为年度预算编制的参考依据。第二，进行年终绩效评估。年度结束时，人大财政监督机构根据年初制定的考核指标对各政府部门的绩效进行评价，并出具考核结果，公布考核报告。第三，人大财政监督机构依据绩效评估的结果，按照各政府部门绩效完成情况，提出调整各部门下年度预算的建议和意见，交预算支出部门执行。

二是加强对审计部门和财政部门财政监督机构的再监督。财政监督过程实际是监督者与被监督者之间的博弈。财政监督作为一种执法行为，具有一定的灵活性，财政监督部门的执法力度可松可紧，而被监督者的违法行为也可有可无。因此，财政监督部门在博弈中有"执法"与"不执法"两种可选策略，而被监督者也有"违规"与"不违规"两种可选策略。

如果该被监督者正常的合法收益为S，而通过违规可以得到的额外收益为Q，则此时其总得益为S＋Q。如果财政监督部门严格执法，被监督者违规将受到处罚，假设由此带来的损失为－C。如果财政监督部门不执法，而被监督者也不违规的话，财政监督干部将享受工作轻松带来的休闲福利，假设这种正效用为M。相反，如果财政监督部门不执法而被监督者违规的话，则财监部门可能受到失职追究而将产生负效用－N。基于以上假设，可以构建如图6－6所示的得益矩阵。

财政监督部门

策略选择	不执法	执法
违规	S＋Q，－N	S－C，0
不违规	S，M	S，0

图6－6　得益矩阵

从图6－6可以看出，如果被监督者选择"违规"，那么对财政监督部门而言最好的策略选择是"执法"（0＞－N），这样可以惩处违规者并完成自己的职责，但当财政监督部门选择"执法"时，被监督者的理想选择却是不违规（S＞S－C）。在被监督者遵纪守法的情况下，财政监督部门的理想选择是"不执法"（M＞0），而一旦财政监督部门放松执法，被监督者却又开始选择违规（S＋Q＞S），如此循环往复，形成一个非对称的非零和博弈，无法达到纯策略纳什均衡。[①] 为了更清楚地揭示这种循环中隐藏的玄机，下面分两步进行深入的分析。

---

① 谢识予. 经济博弈论 [M]. 上海：复旦大学出版社，2002：94.

第一步，影响违规率的关键因素。

违规率的高低取决于违规的潜在动力，任何单位违纪违规，必然出于利益的驱动。根据前面的假设，在财政监督部门不执法的情况下，被监督单位的违规得益为 S + Q，但是，财政监督部门事实上不可能完全不执法，一旦财政监督部门执法，被监督单位就有被查处的风险，假设该单位因违规受罚带来的期望损失为 − D，则实际上其期望收益为（S + Q − D）。需要特别注意的是，这里的 D 并不等于前面提到的财监部门对违规单位的处罚量 C，而是与财政监督部门"执法程度"相关的一个变量。"执法程度"可以分解为两种因素：执法频度和执法力度。执法频度代表财监部门工作的努力程度，包括检查的覆盖面、检查单位的个数、针对同一单位检查的次数、检查的深度和精度等，执法频度决定了被监督单位被查出问题的概率，假设此概率为 P_v，P_v 影响到被监督单位选择"违规"还是"不违规"的心理状态。一般说来，任何人都具有侥幸心理，并非单纯增加处罚力度就可以制止犯罪，违法者并不认为自己犯罪后一定会落入法网，而是抱希望于侥幸逃脱。侥幸心理直接影响犯罪率，而这种心理的强弱又取决于执法频度，执法频度越大，侥幸逃脱的希望越小。执法力度即处罚力度 C，它描述的是被监督单位因违规而被查处的后果严重程度。P_v 和 C 的乘积则形成违规者的期望损失，即 $D = P_v C$。因此，被监督部门的实际预期收益应为 $Y = S + Q − P_v C$。据此，可以构建如图 6 − 7 所示的博弈矩阵。

甲单位		乙单位	
		合法	违法
	合法	S，S	S，S + Q − P_vC
	违法	S + Q − P_vC，S	S + Q − P_vC，S + Q − P_vC

图 6 − 7　博弈矩阵

假设有甲、乙二单位，其合法期望收益为 S，违法期望收益为 S + Q − P_vC。当 Q − P_vC > 0 时，无论乙选择何种策略，甲的理性选择都是违法，同理，无论甲选择何种策略，乙的理性选择也都是违法；而当 Q − P_vC < 0 时，无论乙选择何种策略，甲的理性选择都是合法，同理，无论甲选择何种策略，乙的理性选择也都是合法。

从以上分析可知，P_v 和 C 是影响财政监督效果的关键变量。当前，我国财政监督工作频度低、力度弱，造成 P_vC 的值很小，而违规带来的收益 Q

却相对很大，造成 Q - P_vC > 0，结果使得社会长期违规率居高不下。

第二步，根据关键变量展开的博弈分析。

其中，一是财监部门的混合策略。假设财监部门选择"执法"的平均概率为 P_t（0≤P_t≤1），P_t 与 P_v 正相关，P_t 决定 P_v 的值。而对应于财监部门"执法"的不同概率，被监督者选择"违规"的期望利益为 Y(- C≤Y≤ S + Q)，见图 6 - 8。

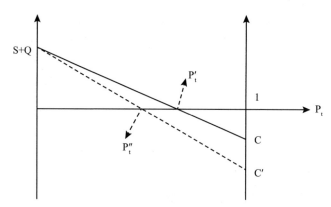

图 6 - 8 财政监督部门的混合策略

图 6 - 8 表明，S + Q 和 - C 的连线与横轴的交点 P_t' 是财政监督部门选择"执法"的最佳概率点，选择"不执法"的最佳概率则是 1 - P_t'。由于被监督者选择"违规"的期望收益为 Y = (S + Q) × (1 - P_t) - CP_t，令 Y = 0，得出 P_t' = (S + Q)/(S + Q + C)，如果财政监督部门选择"执法"的概率低于 P_t'，则被监督者的期望收益大于零，被监督者的违规行为将受到正面激励而增加，使财经秩序进一步混乱，迫使财政监督部门加强执法，使 P_t 回归到 P_t'。同理，当财政监督部门选择"执法"的概率高于 P_t' 时，被监督者的期望收益将小于零，被监督者将减少违规行为，财经秩序转向良好，此时，财政监督部门又会重新调整策略，增加休闲，减少工作，弱化执法，同样导致 P_t 回归 P_t'。所以，财政监督部门实际上是以概率 P_t' 和 1 - P_t' 来分别选择"执法"和"不执法"，P_t' 为均衡点。其中，C 值的上升将导致 P_t' 的下降，若将 - C 下移到 - C'，均衡点 P_t' 将左移到 P_t''。C 值上升的结果有三个：一是短期内暂时性地减少违规现象，因为违规率取决于 P_vC 的值，短期中，财政监督部门的努力程度 P_t 不会明显变化，于是 P_v 的值相对稳定，C 值的上升将使 P_vC 值暂时上升，短期违规率下降；二是在长期中使财政监督部门选择"执法"的均衡概率下降，实际上减少了财政监督部门的工作努力程度；三

是对长期中被监督单位的违规率没有确定性的影响，在长期中，C 值虽然上升，但 C 值的上升同时会使 P_t 下降，而 P_t 的下降又导致 P_v 的下降，结果 P_vC 值的变化方向最终无法确定。

二是被监督者的混合策略。假设被监督者违规的平均概率是 $P_u(0 \leqslant P_u \leqslant 1)$，而对应于被监督者违规的不同概率，财政监督部门选择"不执法"策略的期望收益为 $Y(-N \leqslant Y \leqslant M)$，如图6-9所示。

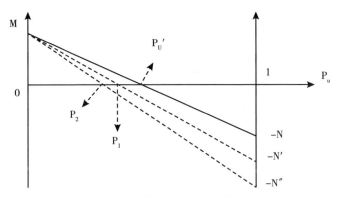

图6-9　被监督者的混合策略

图6-9表明，M 和 -N 的连线与横轴的交点 P_u' 是被监督者选择"违规"的最佳概率点，而选择"不违规"的最佳概率则是 $1-P_u'$。相应地，此时财政监督部门选择"不执法"的期望收益为 $Y = M(1-P_u) - NP_u$，令 $Y = 0$，得出 $P_u' = M/(M+N)$。假设被监督者"违规"的概率大于 P_u'，此时财政监督部门的期望收益将小于0，因此财政监督部门将选择抓紧执法，使被监督者因违规而被惩处的概率 P_v 增加，在处罚力度 C 不变的情况下，被监督者逃避监管的侥幸心理将下降，其策略选择将更趋向于"不违规"，于是，被监督者违规的概率 P_u 下降。反过来，如果被监督者"违规"的概率小于 P_u'，财政监督部门选择"不执法"的期望收益将大于0，财政监督部门将因此放松执法，被监督者因违规而被惩处的概率相应减小，从而增加了其逃避监管的侥幸心理，使其策略选择更趋向于"违规"，结果是被监督者的平均违规率 P_u 上升，直到重新达到均衡点 P_u'。以上分析表明，被监督者以概率 P_u' 和 $1-P_u'$ 分别选择"违规"和"不违规"，P_u' 为均衡点，P_u' 实际就是社会长期违规率。其中，N 是决定 P_u' 的关键因素，N 值的上升将导致 P_u' 的下降。若将 -N 移至 -N'，P_u' 将左移到 P_1。因此，N 值的变化将直接影响长期中被监督者的违规率。从 P_vC 这个基本公式来分析，N 值增加将导致 P_v 的上升，

同时它不会影响 C 值，于是 $P_v C$ 上升，结果 P_u 下降。从 $P'_u = M/(M+N)$ 来看，这种关系更一目了然，P_u 与 N 呈确定的负相关关系，由于 M 基本是一个定值，实际 P_u 仅仅取决于 N，和 C 完全没有关系，这和一般认为加大处罚力度可以使财经秩序得到根本好转的结论大相径庭。

模型分析表明，要在长期内降低违规率，提高财政监督部门工作积极性是关键，而激发积极性，模型中显示应该提高失职机会成本 N 的值，模型中 N 值显示为负，很显然是一种负激励，即对工作完成情况不好的财政监督机构进行处罚。但它并非一种单纯的负激励，因为正面的激励同样可以转化为机会成本。如图 6-8 所示，假如对财政监督部门做出这样的政策规定：一定时期内圆满完成工作任务给予 N_1 量的奖励，而如果没有完成则给予 N_2 量的处罚（$N_2 = N$），则此时财政监督部门失职造成的机会成本将是（$N_1 + N_2$），设 $N'' = N_1 + N_2$，则图 6-9 中 M 和 $-N$ 的连线将下降到 M 和 $-N''$ 的连线，违规率均衡点将下降到 P_2。可见，正面激励起到的作用与负面激励相同。执法类岗位的特点是其执法效果不容易量化，并且很难将社会违纪违规行为的增加归咎于某一具体的执法部门，所以在缺乏激励机制的情况下，有些执法部门宁肯选择不执法，或者查出问题不处罚，造成社会平均违规率居高不下。财政监督属于执法类工作，应该设置有效的激励机制，对认真完成职责的财政监督部门予以正面的奖励，比如发放奖金，奖金额与查处单位的数量或罚没收入量挂钩，或者对优秀财政监督干部予以职务上的提升等。对于未能认真完成职责，长期不对违规单位开展检查和处罚的财政监督部门，则应进行批评和惩戒。两种激励方式一旦结合，财政监督部门不认真执法的机会成本将非常之高，必能有效提高其工作积极性，使社会长期违规率迅速下降。

因此，新的人大财政监督机构的一项重要职能，就是负责对审计部门和财政部门财政监督机构的财政监督工作进行再监督，通过抽查其监督检查报告，核实其监督的真实性和效果，对其做出评判，并公布考核结果，以此作为奖励或者惩戒财政监督机构的依据。这样，财政部门财政监督机构将产生强大的工作激励，必然努力工作，迅速降低社会的长期违规率。

4. 完善政府财政部门对预算单位和自身的财政监督机制

当前的财政部门财政监督机构可以转型为政府内部财政控制机构。在财政管理中，控制是指为了确保政府财政工作目标以及为此而拟订的计划能够得以实现，各级财政监督人员根据事先确定的标准或因适应发展的需要而重新拟定的标准，对财政工作进行衡量和评价，并对出现的偏差进行纠正，以保证它们按照计划进行并纠正各种重要偏差的过程，该过程如图 6-10 所示。

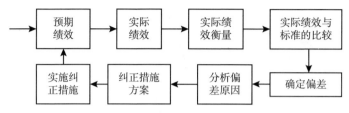

图 6-10　财政管理控制反馈回路

政府财政内部控制是为了保障财政资金安全性，提高财政资金管理的规范性和使用的效益性，提高财政部门运转效率和效果，针对财政业务处理过程中的关键环节，采取的各种相互联系和相互制约的政策和程序。它是财政部门的管理控制系统，涵盖内部各项财政业务、各个部门和各个岗位。财政内部控制具有三项特征：一是全面性，包括事前、事中和事后监督三个方面，是一种全过程监督；二是主动性，它是财政运行系统自身主动进行的控制，是一种自我控制，可以克服被动控制带来的消极性，提高控制的效率；三是预警性，通过及时发现财政运行过程中的失误与偏差，发出预警信息，使财政运行系统能够及时调整有关计划与政策，纠正偏差与失误。① 财政监督对政府的内部控制，不仅要达到合规的目的，还要实现创新的目标。即不仅要使政府的财政活动按照原定的计划，维持正常工作，实现既定的财政目标，而且还要力求财政活动有所创新，达到新的高度和新的绩效，实现管理突破。因此，财政监督机构进行的内部管理活动，要通过信息反馈，形成一个逐级提升的管理系统。这种内部管理不仅仅是简单地把政府的各项财政活动维持在一个平衡点上，而且要使政府财政活动在原来平衡点的基础上实现螺旋式上升，见图 6-11。

将财政部门财政监督机构改组为政府的财政内部控制机构，其必要性体现在多个方面。第一，授权中责任的体现。目前，政府的各项财政活动没有一个专门的控制机构来进行管理，而是处于一种分散的状态。行政首长按照政府分工的不同授权各个部门在自己职权范围内进行财政活动，而没有对其进行有效的监控，导致财政资金的使用缺乏效率。从理论上讲，在管理者授权过程中必须建立有效的控制系统对其实际工作进行控制，如果没有有效的控制系统，管理者就无法检查和了解下属的工作进展和结果，就可能失控。第二，环境的不确定性。政府财政工作的目标和计划，是政府未来一定时期

_____

① 赵继新，吴永林. 管理学 ［M］. 北京：清华大学出版社、北京交通大学出版社，2006：311-325.

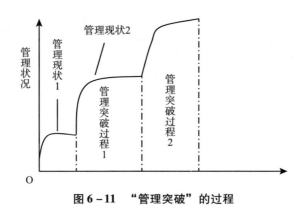

图 6 – 11 "管理突破"的过程

内的奋斗方向和行动步骤的描述,是在特定的时间和环境下制定的,但是由于经济、政治、自然、社会等环境的复杂多变和不确定性,即使政府各项工作运转正常,一样也会造成计划执行的实际过程和结果与计划目标不相符合。因此,政府需要及时了解环境变化的程度和原因,对财政活动进行评估,通过控制系统把握计划方案和实际结果之间差异的程度和原因,以便调整和修正行动。第三,政府活动的复杂性。随着现代政府规模的日益庞大,政府和市场关系错综复杂,政府内部运行和结构也随时空和环境变化。在这样一种复杂的管理局面中,不进行内部控制可能会使政府工作陷入混乱。要保证财政管理权力相对分散的各个部门的活动紧紧围绕政府的中心目标,保证各项工作顺利进行,必须进行有效的控制。第四,管理失误的不可避免性。任何组织在工作中,都可能会失误,政府也难免。虽然小的偏差和失误不会给政府带来重大损害,但如果积少成多或者积累放大,就可能对政府构成伤害。为了防微杜渐,及时发现偏差和纠正失误,必须进行内部控制,保证政府财政活动不偏离既定轨道。

审计部门的财政监督以事后监督为主,而财政部门财政监督机构作为一种内部控制机构,则必须从现在的主要进行事后监督转变为事前控制、事中控制和事后控制结合的全过程监督。

事前控制。事前控制也称前馈控制,是指管理人员在工作正式开展前对工作中可能产生的偏差进行预测和评估并采取预防措施的控制。财政监督的事前控制就是财政监督部门通过对国家机关、企事业单位或其他经济组织等被监督部门将要发生的财政经济事项的合法性、合规性依照国家有关财政法规进行审核,以保障这些财政经济行为不偏离既定的财政计划。事前控制的控制作用发挥在行动之前,其特点是将注意力放在行动的输入端上,使得问题的隐患能够在行动开始前得到排除。事前的控制的优点:相对于目前采用的事后控制方式而言，事前控制能够防患于未然，可以避免错误的发生导致的损害。事前控制只针对财政行为所依赖的具体条件或者计划本身进行控制，不针对进行财政工作的人员，不易和被监督者产生直接冲突。我国当前的财政监督工作缺乏事前控制，而实际上，事前控制实际是最需要加强的环节，它所起的作用是事后监督所无法代替的。

事中控制。事中控制又叫现场控制，是指正在进行中所进行的控制，也称为同步控制。财政监督的事中控制就是财政监督部门通过对国家机关、企事业单位或其他经济组织等被监督部门已经发生但尚未完结的财政经济事项的合法性、合规性依照国家有关财政法规进行审查，从而确保其行为不偏离预定轨道的监督活动。事中控制作用发生在行动之中，与工作过程同时进行。其优点是在行动过程中一旦发现偏差，可以立即予以纠正。事中控制的目的是保证该次财政活动尽可能少发生偏差，直接改进本次财政活动的质量。事中控制是一种实时控制，对财政监督而言，实时控制必须有发达的网络技术作为基础条件，因此，需要加强财政监督信息化建设。用计算机技术进行财政监督管理，可以大大降低监督管理成本，提高财政监督效率。目前世界大多数国家都利用计算机技术进行财税监督管理，实现信息共享。我国的财政监督信息化建设处于起步阶段，当务之急是要建立从上到下的计算机网络和计算机中心，通过软件开发，计算机联网，实现财政预算执行、国库集中支付等公共支出方面的数据监督共享，便于发现问题并及时纠正，对有倾向性、普遍性的问题及时向有关部门提出合理化建议，提高财政监督水平。事中控制包括两个方面：一是指导，即对财政活动的工作方法和程序等进行指导；二是监督，确保下属完成任务。在事中控制中，需要财政监督者及时完成包括比较、分析、纠正偏差等完整的控制工作，对财政监督干部的素质要求较高。

事后控制。事后控制又叫反馈控制，是一种目前使用最频繁、最传统的控制方式，它指的是在工作结束或行为发生之后进行的控制，通过对活动已经形成的结果进行测量、比较和分析，发现偏差情况，采取措施进行纠正。财政监督的事后控制就是财政监督部门通过对国家机关、企事业单位或其他经济组织等被监督部门已经完结的财政经济事项及其运行结果，依据国家的财政法规进行对比，验证其行为是否一直按照既定轨道运行。事后控制有利于避免下次活动发生类似的错误，消除偏差对后续活动过程的影响，便于人们总结经验教训，了解失误的环节和原因，为以后的工作提供依据。同时，还可以据此对财政工作的行为主体进行奖惩。事后控制虽然有一定的优点，但是单纯的事后控制也有不少弱点。因为它发现偏差的时候，偏差已经造成了损失，这种损失往往是无法挽回的。并且，偏差的发生发现到纠正之间需要一段时间，这对纠偏效果也有影响。因此，单纯的事后控制效果不会很理想，必须与事前控制和事中控制结合起来。

5. 完善政府对纳税人纳税行为的财政监督机制

政府对公众的财政监督主要是纳税监督。为了加强对纳税人依法纳税情况的监督，可以由财政部门财政监督机构和税务部门稽查机构共同负责，对纳税人的纳税情况进行直接和间接两种方式的监督。

（1）直接监督。直接监督是指税务稽查机构直接监督纳税人纳税义务完成情况。在直接监督方面，应该注意以下几个问题：一是加强税务稽查的制度建设。要以《刑法》《行政处罚法》《税收征收管理法》及其实施细则为基础，贯彻执行好《税务稽查工作规程》，逐渐形成一套完整的、操作性强的稽查制度。二是规范税务稽查执法的权限和程序。严格执行调查取证与处罚分开，听证、罚款与收缴分离等制度，杜绝以补交税款代替罚款，以罚款代替刑事责任等现象。三是加大对违法违规者的打击力度。要强化案件查处工作，严厉打击税务违法犯罪活动。要扩大检查面，集中力量查处大案要案，造成较大的社会影响，形成震慑力，并对违法违规者依法从重处罚。四是设立税务稽查考核体系。税务稽查考核体系是对稽查机构的一种激励措施。税务稽查考核指标体系应该包括选案的准确率、检查的查补率、审查的处罚率和执行的入库率等指标，实现稽查管理标准化、规范化和制度化，提高税务稽查效率。五是健全税务稽查信息网络。应充分利用现代网络技术，形成以"金税工程"网络技术为基础的高效信息网络，便于税务稽查机构内部系统管理，并实现对增值税专用发票的协查信息管理。[①]

（2）间接监督。间接监督是指财政部门财政监督机构对税务征收机构和稽查机构以及会计师事务所进行监督，起到对纳税人的再监督作用。前文的博弈分析表明，再监督对减少财政违法违规问题能够起到重要作用。因而，可以通过对税务部门征收机构和稽查机构进行监督，推动税务部门的工作积极性。另外，目前国家规定企业必须按规定出具审计报告，审计报告中必然涉及纳税情况。企业通过虚账假账进行偷税漏税，必须经过中介机构的审计监督。会计师事务所等中介机构虽然本身也是财政部门监管的对象，但作为企业会计报表的审计者，对企业而言，它们又类似于监督者的角色，它们与专门税务监督机构不同的是，它们对企业的监督是要向企业收取费用的，这个关键的不同导致了它们与企业之间博弈关系的改变。在前面博弈分

---

① 贾绍华. 中国税收流失问题研究 [M]. 北京：中国财政经济出版社，2002：408.

析的基础上，构建如图6-12所示的中介机构博弈模型。

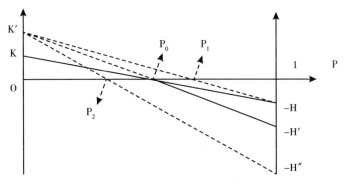

图6-12 中介机构的混合策略

图6-12中，横轴P代表企业违规率（$0 \leq P \leq 1$），竖轴Y代表事务所不按规定实施审计监督的期望得益（$-H \leq Y \leq K$），K由两部分组成：一是事务所按正常标准对企业收取的基本审计费用，二是事务所减少审计程序、降低审计质量而获得的休闲福利。$-H$是财政监督部门对事务所出具虚假审计报告的行政处罚。连线K-H所决定的企业违规率为P_0。当企业违规率超过P_0时，事务所期望得益小于零，事务所会选择规范审计程序、加强审计质量，此时企业的违规行为就会更多地通过审计报告的真实披露而暴露出来，迫使企业减少违规行为，使违规率下降到P_0。而当违规率小于P_0时，事务所的期望得益会大于零，事务所会重新选择减少审计程序、降低审计质量，企业的违规行为将不易暴露，企业逃避监管的侥幸心理增加，从而使企业违规率又回升到P_0。在利益的驱使下，事务所还可能会与企业共同作弊，通过出具虚假审计报告来获取更多的业务或审计费，假设由此增加的收益为KK'，在财政监督部门对事务所的处罚力度不变的情况下，连线$K'-H$所决定的企业违规率将上升到P_1。此时，如果财政监督部门加大处罚力度，$-H$下移到$-H'$，事务所将减少作弊行为，使企业违规率也相应地从P_1回归到P_0。如果再进一步加大处罚力度，使$-H'$下降到$-H''$，企业违规率将下降到P_2。对这个模型的分析表明，提高中介机构的审计质量有利于降低企业违规率。但是，这里的均衡违规率P_0不是最终的长期违规率，因为在P_0的推导过程中，我们引入了一个未经验证的假设，就是企业一定会因害怕违规问题在审计报告中被披露而减少违规行为，这个假设要成立必须依赖另外一个先决条件，就是财政监督部门要能够发现这份审计报告并对违规单位作出处罚，因为事务所不具有对企业的行政处罚权，即使违规问题在审计报告中

披露出来，如果没有财政监督部门对企业实施强制性的处罚，企业也不一定会停止违规行为。所以，长期违规率仍然取决于财政监督部门的努力程度，但是违规问题在审计报告中被披露增加了企业被查处的危险，这是毫无疑问的，这相当于在无形中提高了 P_v 的值，因而在 C 值不变的情况下，长期违规率会下降。

经过如上的改革，新的财政监督机制成为如图 6-13 所示的状态。

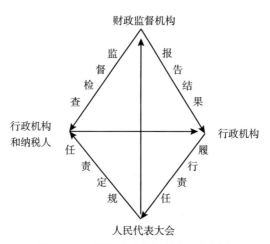

图 6-13　新的财政监督制度组织模式

在图 6-13 中，原来图 3-2 中的"四级状态"得到了改善，中间加上了两条线，原来不稳定的四边形结构变成了更稳定的结构，表明这种新的框架可以增强财政监督工作的稳定性。

参 考 文 献

[1] 阿奎. 道德的起源——重读马克思《1844 年经济学 - 哲学手稿》[J]. 上海青年管理干部学院学报, 2004 (3).

[2] [美] 艾尔弗雷德·D. 钱德勒. 战略与机构——美国工商业成长的若干篇章 [M]. 昆明：云南人民出版社, 2002.

[3] [美] 安德鲁·肖特. 社会制度的经济理论 [M]. 上海：上海财经大学出版社, 2003.

[4] 安敏. 进一步加强预算外资金的监督与检查 [J]. 内蒙古科技与经济, 2005 (6).

[5] [美] 布坎南, [澳] 布伦南. 宪政经济学 [M]. 北京：中国社会科学出版社, 2004.

[6] 财政部 "财政监督" 课题组. 财政监督 [M]. 北京：中国财政经济出版社, 2003.

[7] 蔡定剑. 中国人民代表大会制度 (第四版) [M]. 北京：法律出版社, 2003.

[8] 蔡钰. 美国《绩效法案》对我国的启示 [J]. 地方财政研究, 2006 (9).

[9] 曹荣庆. 中国政府职能转型的财政学透视 [M]. 北京：中国财政经济出版社, 2004.

[10] [英] 戴雪. 英宪精义 [M]. 雷宾南, 译. 北京：中国法制出版社, 2001.

[11] [美] E. 哈奇. 人与文化的理论 [M]. 哈尔滨：黑龙江教育出版社, 1988.

[12] 陈共. 财政学 [M]. 北京：中国人民大学出版社, 2000.

[13] 陈先达. 静园论丛 [M]. 北京：中国人民大学出版社, 2000.

[14] 陈晓律. 资本主义起源的动力与道德制约机制 [J]. 杭州师范学院学报, 2000 (1).

[15] 陈音. 部门预算执行中的政府采购审计 [J]. 中国审计, 2006

（9）.

［16］戴维斯，诺思．制度变迁的理论、概念与原因［M］．载 R. 科斯等．财产权利与制度变迁．上海：三联书店，2005.

［17］［美］丹尼斯·C. 谬勒．公共选择理论［M］．杨春学、李绍荣等，译．中国社会科学出版社，1999.

［18］［美］道格拉斯·诺思．制度变迁和经济增长［M］．盛洪．现代制度经济学（上卷）．北京大学出版社，2003.

［19］［美］道格拉斯·诺思．制度、制度变迁与经济绩效［M］．上海：上海三联书店，1994.

［20］［美］凡勃伦．有闲阶级论［M］．北京：商务印书馆，1964.

［21］邓子基．社会主义市场经济条件下的财政职能［J］．经济研究，1993（4）.

［22］邓子基．谈谈财政监督问题［J］．中国财政，2002（11）.

［23］董景荣．制度经济学［M］．北京：科学出版社，2015.

［24］樊小勤．加强对财政专项资金监督管理的思路［J］．财政监督，2005（5）.

［25］范永恒，于凡．财政监督与检查［M］．沈阳：辽宁大学出版社，1995.

［26］复旦大学哲学系中国哲学教研室．中国古代哲学史［M］．上海：上海古籍出版社，2006.

［27］傅光明．论公开性是公共财政的重要特征［J］．财政与发展，2005（2）.

［28］高凤英，刘达，武慎，马俊巧．新形势下财政监督存在的问题及对策［J］．河北农业大学学报，2001（3）.

［29］高宏．完善财政监督的对策与建议［J］．山西财税，2006（9）.

［30］高鸿业．西方经济学［M］．北京：中国人民大学出版社，2007.

［31］高培勇．公共财政：经济学界如是说［M］．北京：经济科学出版社，2000.

［32］高全喜．国家理性的正当性何在［M］．载王焱．宪政主义与现代国家．三联书店，2003.

［33］顾超滨．财政监督概论［M］．大连：东北财经大学出版社，1996.

［34］关彬．当前财政监督工作存在的问题及对策［J］．山东经济战略研究，2004（11）.

[35] 郭复初. 国有资产管理、监督、营运体系研究 [M]. 上海：立信会计出版社，2002.

[36] 郭庆旺，赵志耘. 财政学 [M]. 北京：中国人民大学出版社，2002.

[37] 国际货币基金组织编著，财政部财政科研所整理. 财政透明度 [M]. 北京：人民出版社，2001.

[38] 韩英. 财政性投资项目财务管理和监督工作的探讨 [J]. 经济视角，2006 (9).

[39] 何东霞，何一鸣. 文化与制度的耦合：一个文献综述 [J]. 学术研究，2006 (10).

[40] 贺京同，郝身永. 新古典经济人三重特征的局限与重构 [J]. 学术月刊，2012 (4).

[41] 胡乐亭，卢洪友，左敏. 公共财政学 [M]. 北京：中国财政经济出版社，1999.

[42] [美] 怀特. 文化科学 [M]. 杭州：浙江人民出版社，1988.

[43] [美] 霍尔斯特·施泰因曼，阿尔伯特·勒尔. 企业伦理学基础 [M]. 上海：上海社会科学院出版社，2001.

[44] 贾绍华. 中国税收流失问题研究 [M]. 北京：中国财政经济出版社，2002.

[45] 江龙. 财政监督理论依据：信息不对称和代理失效 [J]. 财政研究，2002 (12).

[46] 江龙. 公共财政下财政监督产生的理论溯源 [J]. 财政研究，2001 (11).

[47] 姜维壮. 比较财政管理学 [M]. 北京：中国财政经济出版社，1992.

[48] 姜维壮. 财政监督的几个理论认识问题 [J]. 中国财政，1997 (8).

[49] 焦桂云. 财政投资项目全过程评审监督的思考及建议 [J]. 会计之友，2006 (9).

[50] 金可溪. 马克思的马克思主义道德观的形成 [J]. 道德与文明，2001 (2).

[51] 康芒斯. 制度经济学 (上) [M]. 北京：商务印书馆，1962.

[52] 拉坦. 诱致性制度变迁理论 [M]//R. 科斯等. 财产权利与制度变迁. 上海：三联书店，2005.

[53] 雷大庆. 浅谈财政监督工作及机构的独立性 [J]. 科技创业月刊，

2006 (9).

[54] 李发戈. 宪政背景下公共财政的本质 [J]. 四川行政学院学报,
2008 (2).

[55] 李金华. 关于 2003 年度中央预算执行和其他财政收支的审计工
作报告 [R]. 第十届全国人民代表大会常务委员会第十次会议公报, 2004.

[56] 李娟. 中英立法机关财政监督制度比较 [D]. 中共中央党校硕士
学位论文, 2004.

[57] 李兰英. 财政监督存在问题剖析 [J]. 经济研究参考, 2005
(87).

[58] 李清华. "经济人" 假设与经济学发展的新趋势 [J]. 中国经济
问题, 2013 (2).

[59] 李武好, 韩精诚, 刘红艺等. 公共财政框架中的财政监督 [M].
北京: 经济科学出版社, 2002.

[60] 李学柔, 秦荣生. 国际审计 [M]. 北京: 中国时代经济出版社,
2002.

[61] 梁尚敏. 努力构建公共财政的基本框架 [J]. 中国财政, 1999
(5).

[62] 林民. 我国税收流失现状分析及对策 [J]. 中国纳税人, 2007
(7).

[63] 林耀煌, 林财民. 预算外资金监督管理工作存在的问题与对策
[J]. 技术经济, 2002 (11).

[64] 林毅夫. 关于制度变迁的经济学理论: 诱致性变迁与强制性变迁
[M]//R. 科斯等. 财产权利与制度变迁. 上海: 三联书店, 2005.

[65] 刘鸿明. "经济人" 假设: 马克思经济学与西方经济学的不同认
识 [J]. 理论学刊, 2011 (6).

[66] 刘军. 我国财政监督工作的现状与完善 [J]. 决策与信息, 2006
(10).

[67] 刘书环. 对现行财政监督机制的思考 [J]. 山西财税, 2006 (8).

[68] 刘晓蕾. 财政监督现状及改进对策 [J]. 山东行政学院山东省经
济管理干部学院学报, 2004 (2).

[69] 卢现祥, 朱巧玲. 新制度经济学 [M]. 北京: 北京大学出版社,
2007.

[70] [美] 罗伯特·F. 莫非. 文化和社会人类学 [M]. 北京: 中国文
联出版社, 1988.

[71] [美] 罗杰·A. 麦凯恩. 博弈论战略分析入门 [M]. 北京：机械工业出版社，2006.

[72] 罗珉. 组织管理学 [M]. 成都：西南财经大学出版社，2003.

[73] 马海涛，安秀梅. 公共财政概论 [M]. 北京：中国财政经济出版社，2003.

[74] [英] 马尔科姆·卢瑟福. 经济学中的制度——老制度经济学与新制度经济学 [M]. 北京：中国社会科学出版社，1999.

[75] 马克思，恩格斯. 马克思恩格斯选集 [M]. 北京：人民出版社，1995.

[76] [德] 马克斯·韦伯. 儒教与道教 [M]. 北京：商务印书馆，1995.

[77] [德] 马克斯·韦伯. 新教伦理与资本主义精神 [M]. 西安：陕西师范大学出版社，2006.

[78] 马骁. 财政制度研究 [M]. 成都：四川人民出版社，1997.

[79] [爱尔兰] 帕特里克·麦克纳特. 公共选择经济学 [M]. 长春：长春出版社，2008.

[80] 曲卫彬. 国有股权管理与运营 [M]. 北京：清华大学出版社、北京交通大学出版社，2005.

[81] 任志军. 论"经济人"假设的新发展 [J]. 改革，2004 (6).

[82] 沙南安，李乃洁等. 财税改革与监督检查 [M]. 长春：吉林人民出版社，1995.

[83] 佘明龙. 浅析财政监督存在的问题及对策 [J]. 嘉兴学院学报，2001 (5).

[84] 沈跃春. 西方经济学"经济人"假设及其方法论思考 [J]. 学术界，2010 (12).

[85] 舒尔茨. 制度与人的经济价值的不断提高 [M]//R. 科斯等. 财产权利与制度变迁. 上海：三联书店，2005.

[86] 孙家骐. 社会主义市场经济新概念辞典 [M]. 北京：中华工商联合出版社，1996.

[87] 唐敦文. 财政监督工作存在的问题及建议 [J]. 财会研究，1999 (9).

[88] [美] 汤普逊. 中世纪经济社会史（下册）[M]. 耿淡如，译. 商务印书馆，1963.

[89] 唐云锋，高剑平. 公共财政体制的特征及制度框架研究 [M]. 学术论坛，2006 (1).

[90] [英] 梯利. 西方哲学史 [M]. 北京：商务印书馆，2001.

[91] 汪立鑫. 经济制度变迁的政治经济学 [M]. 上海：复旦大学出版社，2006.

[92] 王倩倩. 我国财政监督存在的问题及对策 [J]. 党政干部学刊，2004 (9).

[93] 王人博. 宪政的中国之道 [M]. 济南：山东人民出版社，2003.

[94] 王志强. 我国财政监督存在的问题及对策 [J]. 合作经济与科技，2005 (12).

[95] 魏成兴. 浅议对财政部门如何加强财政性投融资基本建设项目的监督与管理 [J]. 基建财务管理，2000 (6).

[96] 吴方旭，谢里. 制度变迁理论演化历史与未来发展 [J]. 湖南行政学院学报，2007 (3).

[97] 吴俊培. 怎样认识市场经济下的财政职能 [M]//吴俊培. 公共财政研究文集. 北京：经济科学出版社，2000.

[98] 伍云峰. 我国税收流失规模测算 [J]. 当代财经，2008 (5).

[99] 项俊波. 审计史 [M]. 北京：中国审计出版社，1990.

[100] 谢识予. 经济博弈论 [M]. 复旦大学出版社，2002.

[101] 谢识予. 经济博弈论 [M]. 上海：复旦大学出版社，2003.

[102] 胥纯. 预算审查监督理论与实践 [M]. 成都：四川人民出版社，2008.

[103] [英] 亚当·斯密. 道德情操论 [M]. 北京：商务印书馆，1997.

[104] [英] 亚当·斯密. 国民财富的性质和原因的研究（下卷）[M]. 郭大力、王亚南，译，北京：商务印书馆，1974.

[105] 杨勤. 部门预算跟踪审计初探 [J]. 工业与审计，2006 (4).

[106] 杨志勇，张馨. 公共经济学 [M]. 北京：清华大学出版社，2005.

[107] 应雪林. 怀特的文化决定论评析 [J]. 浙江学刊，1998 (2).

[108] 张馨. 论财政监督 [J]. 财政监督，2003 (5).

[109] 张馨. 论财政监督的公共化变革 [J]. 财政研究，2004 (12).

[110] 张馨. 论公共财政 [M]//吴俊培. 公共财政研究文集. 北京：经济科学出版社，2000.

[111] 张彦君，陈度. 论财政监督的现状和对策 [J]. 内蒙古社会科学，2001 (1).

[112] 赵继新，吴永林. 管理学 [M]. 北京：清华大学出版社、北京

交通大学出版社, 2006.

[113] 赵闻. 我国税收流失问题及对策 [J]. 黑河学刊, 2007 (5).

[114] 赵迎春. 税收增长超 GDP 增长的相关因素分析 [J]. 当代经济研究, 2006 (9).

[115] 曾寿喜, 刘国常. 国家审计的改革与发展 [M]. 北京: 中国时代经济出版社, 2007.

[116] 曾武佳. 论《齐物论》"真我"思想的生态学意义——兼驳"经济人假设"的"假我"思想 [J]. 四川大学学报 (哲学社会科学版), 2013 (3).

[117] 中华人民共和国审计署外事司. 世界各国政府审计 [M]. 北京: 中国审计出版社, 1995.

[118] 周志刚. 论公共财政与宪政国家——作为财政宪法学的一种理论前言 [M]. 北京: 北京大学出版社, 2005.

[119] 朱富强. 现代经济学中人性假设的心理学基础及其问题——"经济人"假设与"为己利他"行为机理的比较 [J]. 经济学家, 2011 (3).

[120] 朱孔武. 财政立宪主义研究 [M]. 北京: 法律出版社, 2006.

[121] 朱明熙. 尊重历史　实事求是——与张馨、高培勇同志商榷 [J]. 财政研究, 2004 (9).

[122] Bird R M. Wagner's law of expanding state activity [M]. Public Finance, 1971 (26).

[123] Clark C. Public finance and changes in the value of money [J]. Economic Journal, 1945.

[124] Coe C K. Public finance manangement [M]. Prentice – Hall, Inc, 1989.

[125] Commons J R. Institutional economics: It's place in political economy [M]. Macmillan, 1934.

[126] Cullis J G. Public finance and public choice: Analytical perspectives [M]. New York: McGraw – Hill Internation Limited, 1992.

[127] Eshag E. Fiscal and monetary policies and problems in developing countries [M]. Cambridge: Cambridge University Press, 1983.

[128] Evsey Domar. Essays in the theory of economic growth [M]. New York: Oxford University Press, 1957.

[129] Geertz C. Ritual and social change: A javanese example [M]. American Anthropology, 1957.

[130] Gramlich E M. Intergovernmental grants: A review of the empirical literature [M]//The Political Economy of Federalism. Heath DC, Company, 1977.

[131] Hyman D N. Public Finance: A contemporary application of theory to policy [M]. Harcourt, Inc, 1999.

[132] Kelecki M. Selected essays on the economic growth of the socialist and the mixed economy [M]. Cambridge: Cambridge University Press, 1972.

[133] Kotter J P, Hesket J L. Culture and performance [M]. New York: The Free Press, 1992.

[134] L J Trinterud. Elizabethan puritanism [M]. Oxford University, 1979.

[135] Musgrave R A. The theory of public finance [M]. New York: Mc Graw – Hill Book Company, Inc. , 1959.

[136] Musgrave R A, P B Musgrave. Public finance in theory and practice [M]. New York: McGraw – Hill, 1989.

[137] North D. Institutions, institutional change and economic performance [M]. Cambridge: Cambridge University Press, 1990.

[138] Pigou A C. A Study in public finance [M]. London: Macmillan, 1928.

[139] Rosen H S. Public finance [M]. London: Irwin and McGraw – Hill, 1999.

[140] Roy Harrod. An essay in dynamic theory [J]. Economic Journal, 1939 (49).

[141] Singer M. Culture [J]. International Encyclopedia of Social Sciences, 1968 (3).

[142] Smith A. An Inquiry into the nature and causes of the wealth of nation [M]. Oxford: Clarendon Press, 1880.

[143] Smith A. The theory of moral sentiments [M]. Oxford: Oxford University Press, 1976.

[144] Tanzi V. Public finance in developing countries [M]. Edward Elgar Publishing Limited, 1991.

[145] Tresch R W. Public finance: A normative theory [M]. Business Publication, 1981.

[146] World Bank. The East Asia miracle: Economic growth and public policy [M]. Oxford: Oxford University Press, 1993.